はじめて財務・経理担当になったときに読む本

辻 哲弥 著

セルバ出版

まえがき

経理――この言葉を聞いて、あなたはどんな印象を抱きますか?

「難しそう」「堅苦しい」「自分には向いていない」そんな声を耳にすることが多いのが現実です。しかし、経理とは単なる数字の処理ではありません。それは、ビジネスの現在地を把握し、未来を切り開くための「羅針盤」であり、企業を支える最も重要な土台なのです。

私が初めて経理の現場に触れたのは、20歳で監査法人に入所したときでした。大手上場企業から中堅企業まで、多岐にわたる現場で経理や財務の本質を学びました。そして23歳で独立し、実際に経営者として経理の重要性を痛感する日々を送りました。その経験を通じて得た確信があります――「経理がしっかりしている会社は強い」ということです。

本書では、経理初心者や苦手意識を持つ方が、安心して学べる内容を心がけました。基礎から始まり、日々の実務に活かせるコツ、さらには効率化や注意点まで、実践的な視点で解説しています。現場のリアルな経験をもとに、経理を単なる作業ではなく、会社を動かす力に変える方法を伝えたいと考えています。

経理は、誰にとっても最初はハードルが高く感じられるかもしれません。しかし、正しいステップで学べば、必ずその価値と面白さが見えてきます。本書が、その一歩を踏み出すためのきっかけになれば幸いです。

さあ、一緒に経理の世界を探求してみましょう。

2025年2月

辻　哲弥

はじめて財務・経理担当になったときに読む本　目次

第2章　経理担当者必須の基本知識

第3章　経理の実務知識

第4章　決算書づくりと納税について

第5章　財務担当者必須の基本知識

第1章　経理や財務とはどんな仕事か？

1　経理の仕事って何やるの？（会計業務）

経理の役割

経理は、会社の日々のお金の流れ、取引の流れを記録する役割をもった仕事です。会社の構造上なくてはならない存在です。大きく3つに分けて、日次業務・月次業務・年次業務があります。それぞれを確認してみましょう。

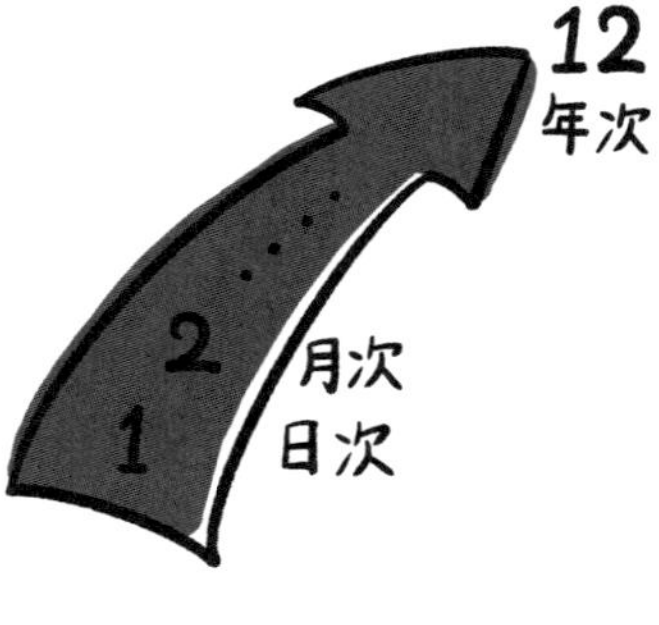

日次業務

経理部門の日次業務は、会社の財務状況を正確に把握し、適切に管理するために非常に重要です。

①社員の交通費や経費の精算

経理の日次業務での社員の交通費や経費の精算は、企業の費用管理と従業員の支出補償を行うための重要なプロセスです。このプロセスでは、社員が業務遂行のために発生した交通費やその他の経費を会社に申請し、適切な検証と承認を経て返金されます。

まず、社員は出張や外出時に発生した交通費や必要経費に関するレシートや証明書を保持します。

業務から戻った後、これらの書類をもとに経費報告書を作成し、必要な情報を詳細に記入します。報告書には、日付、目的、支出の種類、金額などが含まれます。

経理部門は提出された経費報告書を受け取り、書類の完全性と正確性を確認します。支出が業務に関連しているかどうか、また、支出が適切であるかどうかを検証し、必要に応じて追加情報を求めることがあります。検証が終わると、経費の承認プロセスが行われ、最終的に支出が承認されます。

承認された経費は、会計ソフトに記録され、社員への返金が行われます。この記録には、支出のカテゴリー、金額、支払日などが含まれ、企業の財務報告に反映されます。ここでの財務報告とは、株主や債権者に対して、企業の財政状態及び経営成績等を報告することです。社員には通常、銀行振込みや給与と一緒に経費が返金されます。

このように、交通費や経費の精算プロセスは、社員が業務遂行のために発生した費用を迅速かつ正確に補償するために設計されています。また、企業にとっては、費用の透明性を確保し、財務管理を強化するための手段となります。経理部門は、このプロセスを通じて、企業のポリシーに従い、費用が適切に管理されていることを保証します。

②領収書や請求書の整理

経理の日次業務における領収書や請求書の整理は、企業の財務管理において非常に重要な役割を果たします。日時業務は、次の目的を持っています。

●日常業務の目的：取引の正確な記録と追跡

帳簿や伝票、請求書など取引の証明書を作成し、後ほどのようなお金の動きがあったかを記録・追跡できるようにすること

●日常業務の目的：財務報告の正確性の確保

前述した財務報告で用いる書類がしっかりしたものになるよう日々の記録が重要になっていきます。

●日常業務の目的：税務上の義務の遵守

経理には税金の計算の業務も含まれますが、これらが正しく計算されていないと脱税になってしまいます。

領収書や請求書の整理には、まず受け取った文書を日付順に並べ、それぞれの文書が関連する取引を正確に反映しているかを確認する作業が含まれます。経理担当者は、各文書に記載されている情報が正しいかどうかを検証し、必要に応じて関連する部門や取引先に確認を取ります。

次に、検証された領収書や請求書は、会計ソフトウェアに入力され、適切な会計科目に記録されます。これにより、支出や収入が正確に帳簿に反映され、財務状況の把握が容易になります。

また、領収書や請求書は、将来の参照や監査のために体系的にファイリングされます。これには、電子的なスキャンや物理的なファイルへの保管が含まれることがあります。文書の整理と保管は、企業が法的要件を満たし、必要な情報に迅速にアクセスできるようにするために不可欠です。

この整理プロセスを通じて、企業は支払いの適時性を保ち、キャッシュフローを効率的に管理し、財務の透明性を高めることができます。経理部門は、この日々の作業を通じて、企業の財務健全性を支え、信頼性の高い財務情報を提供することが求められます。

③預金の預入と引出し

預入れは、企業が日々の取引から得た現金や小切手を銀行口座に入れることを指します。これには、受け取った現金の合計を確認し、顧客に領収書を発行し、銀行に入金するための伝票を作成し、最終的には会計ソフトにこれらの取引を記録して帳簿を更新する作業が含まれます。

引出しは、企業が支払いを行うために銀行口座からお金を出すことです。支払いが必要な請求書や経費を検証した後、支払伝票や小切手を作成し、銀行で必要な金額を引出します。その後、これらの取引を会計ソフトに記録し、帳簿を更新します。

④帳簿の記載など、日々に発生する金銭の管理

企業の財務状態を正確に把握し、適切な意思決定を行うために不可欠です。このプロセスには、日々の取引の記録、帳簿への記載、そして現金の流れの追跡が含まれます。

企業が行う取引の多くは、現金の出入りを伴います。これらの取引は、収入としての現金の預入れや、支払いとしての現金の引出しを通じて、銀行口座に反映されます。

経理担当者は、これらの現金の動きを日々追跡し、それぞれの取引に対して適切な会計処理を行います。たとえば、売上が発生した場合は収入として記録し、請求書の支払いや経費の支出があった場合は費用として記録します。

帳簿の記載は、これらの取引を体系的に追跡し、記録するためのものです。経理担当者は、銀行の明細書と照合しながら、銀行口座の残高と企業の帳簿上の残高が一致するようにします。これにより、企業の財務状態が正確に反映され、監査や税務申告の際にも正しい情報が提供されます。

また、現金の流れの追跡は、企業の流動性を管理し、資金繰りを最適化するためにも重要です。経理担当者は、予定されている支払いや予想される収入を考慮に入れ、必要な資金が常に利用可能であるように計画を立てます。これにより、企業は突発的な支出にも対応でき、安定した運営を維持することができます。

月次業務

月次業務は、日次業務のまとめ的な仕事になりますが、主な仕事は次の４つです。

①請求書の発行

請求書の発行は、企業の収益管理と顧客との取引記録において中心的な役割を果たします。このプロセスは、提供された商品やサービスに対する対価を顧客から回収するための正式な要求を作成することを含みます。

請求書の発行には、まずその月に提供された商品やサービスの詳細を確認することから始まります。経理担当者は、注文書、契約書、納品書などの関連文書を参照し、提供された商品やサービスが正確に記録されていることを確認します。次に、これらの情報をもとに請求書を作成し、商品やサービスの内容、数量、単価、合計金額、支払条件、支払期限などの必要な情報を記入します。

作成された請求書は、顧客に送付される前に、正確性と完全性を確保するために再度確認されます。顧客に送付された後は、支払いが期限内に行われることを確認し、支払いが遅れている場合はリマインダーを送るなどのフォローアップが行われます。

請求書の発行は、企業のキャッシュフローを管理し、収益を確保するために重要です。また、正確な請求書の発行は、顧客との信頼関係を築き、長期的なビジネス関係を維持するためにも不可欠です。

経理部門は、このプロセスを通じて、企業の財務状態を正確に反映し、財務報告の信頼性を高める役割を担っています。請求書の発行は、単なる形式的な作業ではなく、企業の財務戦略と顧客サービスの質を向上させるための重要な手段となります。

②買掛金や経費の支払い

経理の月次業務における買掛金や経費の支払いは、企業の財務活動において重要な役割を担います。このプロセスは、企業がサプライヤーやサービスプロバイダーに対して、提供された商品やサービスの対価を支払うことを含みます。

買掛金の支払いは、企業が購入した商品や利用したサービスに対して、後日支払う約束をした金額です。経理部門は、支払いが行われる前に、すべての請求書が正確であることを確認し、支払条件に従って支払いを準備します。支払いの準備には、支払伝票の作成や支払承認の取得が含まれます。支払いが完了すると、それらの取引は会計ソフトに記録され、買掛金の残高が減少します。

経費の支払いは、従業員が業務遂行のために発生させた経費を企業が補償するプロセスです。経理部門は、経費報告書を受け取り、支出が適切であることを確認した後、支払いを行います。これには、通常、銀行振込や給与と一緒に行われる返金が含まれます。

これらの支払いプロセスは、企業の財務状態を正確に反映し、サプライヤーや従業員との良好な関係を維持するために不可欠です。また、適時かつ正確な支払いは、企業の信用度を高め、将来的な取引における交渉力を強化します。


経理部門は、これらの月次業務を通じて、企業の財務健全性を支え、財務報告の信頼性を高める重要な役割を果たしています。

買掛金や経費の支払いは、単なる取引の処理以上のものであり、企業の財務戦略と運営の基盤を形成するための重要な活動です。

③社員の給与計算と支払い

経理の月次業務における社員の給与計算と支払いは、従業員への報酬を正確に計算し、適時に支払うための重要なプロセスです。このプロセスは、企業が従業員に対する財務的な義務を果たし、従業員のモチベーションと満足度を維持するために不可欠です。

給与計算のプロセスは、まず従業員の勤務時間、残業時間、休暇などの勤務記録を集めることから始まります。これらの情報は、給与計算システムに入力され、各従業員の基本給、残業手当、その他の手当や控除を計算します。計算には、税金、社会保険料、健康保険料などの法定控除も含まれます。

給与計算が完了すると、給与明細書が作成され、従業員に配布されます。この明細書には、支払われる給与の内訳が詳細に記載されており、従業員は自分の給与が正確に計算されていることを確認できます。

最後に、給与の支払いが行われます。通常、給与は銀行振込みによって従業員の口座に直接入金されます。給与の支払日は、通常、月末や翌月初めに設定されており、企業はこの日に合わせて資金を準備します。

この給与計算と支払いのプロセスを通じて、企業は従業員に対する財務的な義務を遵守し、従業員の労働に対する適正な報酬を保証します。また、正確で透明な給与計算は、従業員と企業の信頼関係を築き、労働法規に準拠することを保証します。

経理部門は、この月次業務を通じて、企業の財務健全性を支え、従業員の権利を守る重要な役割を果たしています。

給与計算と支払いは、単なる取引の処理以上のものであり、企業の人事戦略と従業員満足度の向上に寄与するための重要な活動です。

④月次決算書の発行など、支払サイトに基づいて金銭の管理や集計

月次決算書の発行は、企業の財務状況を定期的に把握し、経営陣や株主に報告するための重要なプロセスです。このプロセスには、月末の財務データの集計、分析、そして報告が含まれます。

月次決算の作業は、まずその月に発生したすべての財務取引のレビューから始まります。経理担当者は、売上、支出、資産、負債などの各会計科目について、取引記録を確認し、必要に応じて調整を行います。これには、未払いの請求書や未収の収入、前払費用や受取利息など、期末における調整仕訳も含まれます。

次に、調整後のデータをもとに、損益計算書、貸借対照表、キャッシュフロー計算書などの財務諸表が作成されます。これらの財務諸表は、企業の財務状況を正確に反映し、経営の意思決定に役立つ情報を提供します。

財務諸表の作成が完了すると、経営陣や株主、投資家に対して月次決算報告書が発行されます。この報告書には、その月の財務成績と財務状況の概要が含まれ、企業の業績と財務の健全性を評価

するための基礎となります。

また、月次決算は、支払サイトに基づいた金銭の管理や集計にも密接に関連しています。経理担当者は、支払サイトを考慮に入れ、買掛金の支払計画を立てたり、収入の予測を行ったりします。これにより、企業は資金繰りを効率的に管理し、財務リスクを最小限に抑えることができます。

このように、月次決算書の発行と支払サイトに基づく金銭の管理や集計は、企業の財務活動を支える基盤となり、企業の持続可能な成長と運営の効率性を保つために重要な役割を果たしています。正確な財務報告と効果的な資金管理により、企業は財務の透明性を高め、信頼性のある経営を行うことができます。

経理部門は、これらの月次業務を通じて、企業の財務健全性を支え、経営陣に対して価値ある洞察を提供することが求められます。月次決算書の発行は、単なる形式的な作業ではなく、企業の財務戦略と運営の基盤を形成するための重要な活動です。

年次業務

年次業務の主な仕事は、次の３つです。

①棚卸資産の計算

経理の年次業務における棚卸資産の計算は、企業の在庫管理と財務報告において重要なプロセスです。この計算は、企業が保有する商品や材料の正確な数量と価値を把握し、財務諸表に反映させるために行われます。

棚卸資産の計算には、まず物理的な在庫のカウントが含まれます。これは通常、年に一度、会計年度の終わりに行われ、すべての商品や材料が実際に数えられます。このカウントは、在庫の損失や盗難、損傷などの不一致を特定するためにも役立ちます。

物理的なカウントが完了した後、経理担当者は数量を記録し、それぞれのアイテムのコストを評価します。この評価には、先入先出法（FIFO）、後入先出法（LIFO）、または平均コスト法など、様々な在庫評価方法が使用されることがあります。選択された評価方法は、在庫のコストと企業の利益の計算に影響を与えます。

在庫の数量とコストが確定したら、経理担当者はこれらの情報をもとに棚卸資産の総額を計算します。この総額は、貸借対照表に在庫として記載され、損益計算書に影響を与える売上原価の計算にも使用されます。

棚卸資産の計算は、企業の資産管理を強化し、財務報告の正確性を保証するために不可欠です。また、このプロセスを通じて、企業は在庫の最適化を図り、過剰在庫や不足を防ぐことができます。経理部門は、この年次業務を通じて、企業の財務健全性を支え、経営陣に対して価値ある洞察を提供することが求められます。

②決算書の作成

経理の年次業務における決算書の作成は、企業の一年間の財務活動を総括し、その成果を示す重要なプロセスです。この作業は、企業の財務状況を正確に把握し、株主や関係者に対して透明性を提供するために行われます。

決算書の作成には、まずその年に発生したすべての財務取引のレビューと調整が含まれます。経理担当者は、売上、支出、資産、負債などの各会計科目について、取引記録を確認し、必要に応じて調整仕訳を行います。これには、未払いの請求書や未収の収入、前払費用や受取利息など、期末における調整も含まれます。

次に、調整後のデータをもとに、損益計算書、貸借対照表、キャッシュフロー計算書などの財務諸表が作成されます。これらの財務諸表は、企業の財務状況を正確に反映し、経営の意思決定に役立つ情報を提供します。

財務諸表の作成が完了すると、経営陣や株主、投資家に対して年次決算報告書が発行されます。この報告書には、その年の財務成績と財務状況の概要が含まれ、企業の業績と財務の健全性を評価するための基礎となります。

③確定申告や年末調整など、決算期に関する業務

経理の年次業務における確定申告や年末調整は、企業の税務処理において非常に重要な役割を果

たします。これらの業務は、企業が一年間の取引を締めくくり、税務上の義務を遵守するために行われます。

確定申告は、企業や個人が一定期間内の収入、支出、損益を税務当局に報告し、正しい税額を計算するプロセスです。

経理部門は、年間の財務諸表を基にして税務報告書を作成し、所得税や法人税などの税金を計算します。この計算には、適用可能な税額控除や税率の変更など、税法の最新の規定が考慮されます。

2　財務の仕事って何やるの？

資金調達

財務部門は、会社の運営や成長に必要な資金を確保するために、資金調達の計画を立てる部署です。立てる計画には、資金の必要額、調達時期、返済計画などが含まれます。行う資金調達の方法としては、銀行融資、社債発行、株式公開などがあります。

銀行融資では、銀行からの借入れを行い、必要な資金を調達します。これには短期融資や長期融資があり、会社の資金

ニーズに応じて選択されます。

社債発行では、会社が社債を発行し、投資家から資金を調達します。社債は一定期間後に利息とともに返済されるため、長期的な資金調達手段として利用されます。

株式公開では、会社が株式を公開し、投資家に株式を売却することで資金を調達します。これにより、会社は資本を増強し、成長のための資金を得ることができます。

さらに、財務部門は最適な資金調達戦略を立てる必要があります。これには、資金調達の方法やタイミング、調達先の選定などが含まれます。最適な金利や条件で資金を調達するために、財務部門は金融市場の動向を常に監視し、交渉を行います。

資金調達にはリスクが伴うため、財務部門は金利リスクや為替リスクなどを管理し、会社の財務状況を安定させるための対策を講じます。

これらの業務を通じて、財務部門は会社の資金調達を効率的に行い、経営の安定と成長を支えます。

予算編成

財務部門は、会社の収入と支出の計画を明確にするために予算を策定します。予算は、会社の目標達成に向けた方針を示し、経営資源の効率的な配分をサポートします。予算には、売上予測、費用見積もり、利益計画などが含まれ、これにより会社の財務状況を把握し、適切な経営判断を行うことができます。

各部門で予算を立てることで、部門ごとの収入と支出を明確にし、全体の予算管理を行います。これにより、各部門の業績を評価し、必要な調整を行うことができます。部門ごとの予算は、各部門の責任者と協力して策定され、部門ごとの目標達成に向けた具体的な計画が立てられます。

予算と実績を比較し、進捗をモニタリングすることも重要です。これにより、計画通りに進んでいるかを確認し、必要に応じて修正を行います。定期的な予算レビューを行い、予算の達成状況を評価することで、問題点を早期に発見し、適切な対策を講じることができます。

予算管理は、会社の財務健全性を維持し、経営目標を達成するために非常に重要です。適切な予算管理を行うことで、資金の無駄遣いを防ぎ、効率的な経営を実現します。

これらの業務を通じて、財務部門は会社の予算を効率的に管理し、経営の安定と成長を支えます。

資金運用

財務部門は、会社の余剰資金を適切に運用し、最大のリターンを追求する重要な役割を担っています。

まず、余剰資金を効率的に運用するために、財務部門は投資、資産運用、短期資金運用などの手段を活用します。投資では、株式や債券、不動産などへの投資を行い、資産の増加を図ります。

資産運用では、ポートフォリオを構築し、異なる資産クラスを組み合わせることでリスク分散を図ります。短期資金運用では、定期預金や短期国債などの安全性の高い金融商品を利用し、流動性を確保しつつ一定のリターンを得ることを目指します。

さらに、財務部門はリスク管理とリターンのバランスを考慮しながら運用を行います。資金運用には金利リスク、為替リスク、信用リスクなどが伴うため、これらのリスクを適切に管理することが求められます。財務部門は、リスク管理のための戦略を立て、リスクとリターンのバランスを最適化することで、会社の財務状況を安定させるための対策を講じます。

これらの業務を通じて、財務部門は会社の余剰資金を効率的に運用し、経営の安定と成長を支える役割を果たします。

財務戦略

財務戦略は、会社の成長を支えるために非常に重要な役割を果たします。

財務部門は、新規事業の立ち上げ、M＆A（合併・買収）、国際展開などの場面で財務的な視点を提供し、経営陣が適切な意思決定を行うためのサポートを行います。

新規事業の立ち上げにおいては、資金計画や収益予測を行い、事業の実現可能性を評価します。また、必要な資金を調達し、事業の成功に向けた財務的なサポートを提供します。M＆Aにおいては、ターゲット企業の財務状況を分析し、買収価格の評価を行います。

さらに、買収資金の調達や買収後の統合計画の策定にも関与し、M＆Aが会社の成長に寄与するようにサポートします。国際展開を行う際には、現地の財務環境や税制を調査し、最適な資金調達方法を提案します。また、為替リスクや国際的な規制に対応するための戦略を立て、国際展開の成功を支援します。

財務部門は、経営陣に対して財務的な視点からのアドバイスを提供し、経営陣が財務状況を踏まえた上で戦略的な意思決定を行うことができるようにします。これらの業務を通じて、財務部門は会社の成長戦略を財務的に支え、経営の安定と発展を促進します。

3　経理や財務ってどんな役割があるの？

企業運営において、経理と財務はどちらも重要な役割を果たしますが、その目的と機能は異なります。経理は日々の取引を記録し、企業の財務状況を正確に報告することが主な業務です。

一方で財務は、資金調達や投資戦略を通じて企業の成長を支える役割を担います。両者は相互に連携し、企業の健全な運営と持続的な発展を支えています。

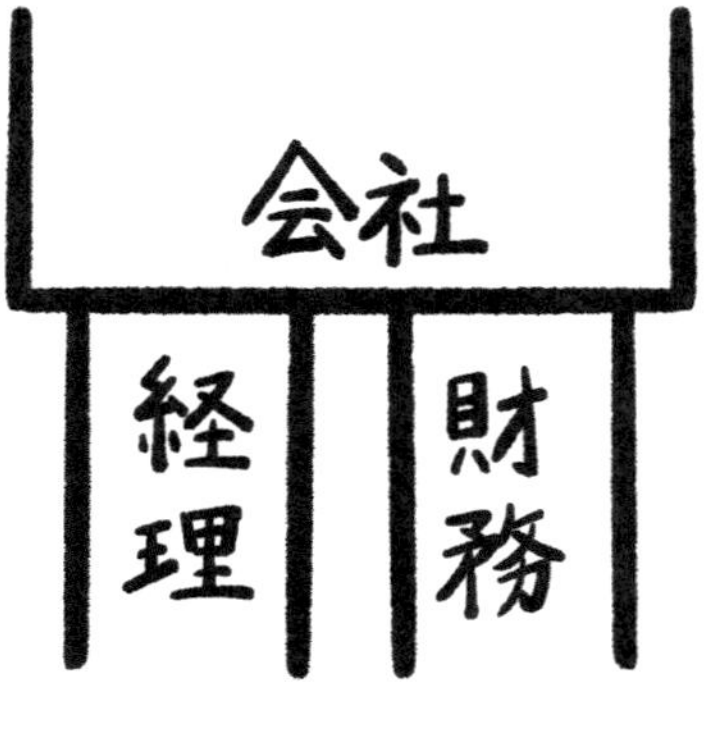

経理の役割：正確な財務情報の記録と管理

経理の業務は、企業の財務状況を正確に把握し、適切に管理することにあります。具体的には、次のような業務が含まれます。

・取引の記録：売上、支出、仕入などのデータ管理
・財務報告の作成：月次決算や年次決算の作成
・税務申告：法人税、消費税の計算と申告
・監査対応：外部監査人への財務データ提供
・資金管理：日々のキャッシュフローの管理

経理の目的は「過去と現在」の財務データを正確に反映させることで、企業の財務状況を可視化し、経営判断の基盤を築くことにあります。

財務の役割：資金戦略と企業価値の最大化

財務は、企業の資金を効率的に活用し、事業成長を促進する役割を担います。具体的な業務は次のとおりです。

・資金調達：銀行融資、社債発行、増資の計画
・投資戦略：新規事業や設備投資の意思決定
・キャッシュフロー戦略：資金繰りの最適化

・リスク管理：市場リスクや為替リスクの分析
・資本構造の最適化：夫妻と自己資本のバランス調整
財務の目的は「未来の財務戦略」を設計し、企業の成長と安定性を確保することです。適切な資金戦略を立てることで、経営リスクを抑えながら事業拡大を実現できます。

経理と財務の相互関係

経理と財務は、企業の健全な運営を支えるために密接に連携しています。経理が提供する正確なデータがなければ、財務は適切な資金計画を策定できません。また、財務が戦略的な資金運用を行うことで、経理の業務も円滑に進みます。

・経理が財務データを記録→財務が資金計画を策定
・経理が決算書を作成→財務が投資判断を行う
・経理が税務処理を実施→財務が税務戦略を立案

このように、経理と財務は異なる役割を持ちながらも、企業の安定した経営と成長を実現するために協力し合う関係にあります。経理が過去と現在のデータを正確に管理し、財務が未来に向けた戦略を立てることで、企業は持続的な発展を遂げることができるのです。

第2章　経理担当者必須の基本知識

1　経理で活躍するための性格

経理の役割

経理ってどんなスキルがあれば活躍できるのでしょうか。求められる性格やスキルについて紹介します。

正確性

経理は正確さが求められる仕事であり、細部への注意と精密性が重要です。経理業務において最も重要なのは正確性です。経理は会社のお金の流れを管理する部門であり、ミスが許されません。次のようなことを意識することでより正確性を確保できるでしょう。

まず１つ目は、計画性を持つことです。経理には期日が明確に定まっている業務が多数あります。期日に間に合うよう、早めに業務計画を立て、期日を厳守することが大切です。直前になって業務が遅れると、急いでミスが生じやすくなります。

２つ目は、責任感を持つことです。経理は会社のお金の管理を任される大変責任の重い業務です。期日までに自分の仕事を確実に果たす責任感が求められます。ミスや遅延により、他部署や取引先に迷惑をかけてしまうこともあります。

最後は、チェックを怠らないことです。経理業務では、入力後のチェックや見直しを怠らないことが重要です。小さなミスが大きなミスに繋がり、会社の信用を失うこともあるためです。以上のように、経理業務の正確性を保つためには、計画性、責任感、チェックを怠らないことが不可欠です。

コミュニケーション能力

まず、経理業務は、部署の内外を問わず様々な人との連携が不可欠です。たとえば、予算編成や経費精算などをする際は、他部門との情報共有や調整を伴います。経理業務をスムーズに進めるためには、経理の立場から一方的に意見を押し付けるだけでなく、相手の立場や状況も理解しながら話し合えるコミュニケーション能力が重要です。

次に、経理担当者は、経理に関する専門知識を持つだけでなく、その知識を非専門家にもわかりやすく伝える能力が必要です。たとえば、経営陣へ財務報告や予算案の提示をする際には、複雑な財務情報を明瞭簡潔に説明するスキルが求められます。また、予算削減のように相手へ負担を強いる提案をする際には、なぜ削減が必要なのか相手を納得させる説得力のある説明が必要です。

さらに、経理担当者には、相手の立場に寄り添うコミュニケーション能力が求められる一方、会社の金庫番として職務に忠実であることも求められます。たとえば経費申請の処理では、そこに無駄や不正がないか厳しく見極め、ときには断固とした態度で相手に接しなければいけません。

ただし、周囲に煙たがられてしまうほど厳しく接してしまうと、普段の業務に支障が出ることもあります。そのため、経理担当者には必要に応じてメリハリをきかせた対応ができるバランス感覚や柔軟性が求められます。

最後に、経理担当者としてのキャリアアップにも、周囲と良好な人間関係を築くコミュニケーション能力が重要です。

また、転職をする場合にも、自分の能力や実績、熱意を効果的に伝えるプレゼン力や、「一緒に仕事をしたい」と採用担当者に思わせる人柄のよさなどが成功の鍵を握ります。

2　経理の活躍に必要な資格

経理のキャリアに有利な資格

また、次のような資格も経理のキャリアに有利とされています。

簿記

基本的な会計知識を証明する資格で、経理の仕事を始めるために推奨されます。

主に日商簿記、全経簿記、全商簿記の３つの資格があり、それぞれが異なる特性と利点を持っています。

①日商簿記

知名度と受験者数が最も多く、社会人や大学生が広く活用しています。日商簿記は、１級から３級まであり、１級と2級は難易度が高く、即戦力として評価されます。これらの資格を持つことで、就職や転職市場での競争力を高め、特に経理や会計職を目指す場合には、その能力を証明する重要な手段となります。

②全経簿記

主に経理専門学校の学生向けの資格で、全経簿記の最上位資格「全経簿記上級」は、日商簿記１級と並んで税理士試験の受験資格に指定されています。企業の経理担当者や税理士事務所の採用担当者間では名の知れた簿記検定ですので、相応の評価を得られるでしょう。

③全商簿記

主に商業高校の生徒向けの資格で、全商簿記の１級取得を、推薦入試の基準にしている大学もあります。全商簿記は、知名度や受験者数は日商簿記に劣り、大学・短大の入試や高卒の就職においては十分な活路が見出せる簿記検定です。

給与計算検定

給与計算実務能力検定は、内閣府認可の一般財団法人職業技能振興会と一般社団法人実務能力開発支援協会が主催する資格試験で、給与計算業務に関連する知識と実務能力を客観的に判定し、給与計算業務のエキスパートとして認定するものです。

この試験は、どのような企業や団体でも行われている給与計算業務を正しく行うために必要な、社会保険の仕組みや労働法令、所得税・住民税等の税法等に関する幅広い正確な知識を評価します。

給与計算実務能力検定の取得により、給与計算業務について理解を深め、その知識と実務能力を身につけることができます。これにより、給与計算業務を担当する方々のキャリアアップに役立ちます。また、この資格は経理や会計に関することだけでなく、労働法令や社会保険関係など、給与計算に関連する幅広い領域の知識を証明します。

経理・財務の分野においては、給与計算実務能力検定の取得は大きな利点となります。給与計算は、どのような企業でも1人でも従業員がいる場合は必ず行う必要がある業務であり、その正確な処理が求められます。したがって、この資格を持つことで、給与計算業務の適切な遂行能力を証明でき、経理・財務の業務効率が向上する可能性があります。

ビジネス会計検定

ビジネス会計検定は、大阪商工会議所が主催する資格試験で、財務諸表に関する知識や分析力を評価します。この試験は、財務諸表が表す数値を理解し、ビジネスに役立てることを目的としています。具体的には、損益計算書や貸借対照表などの財務諸表を正しく理解し、企業の財政状態や経営成績を評価するスキルを得られます。

ビジネス会計検定の取得により、自分のスキルレベルを客観的に示し、キャリアアップを図ることができます。特に、経理・財務の分野においては、財務諸表の読解力や分析力を高めることで、自社や他社の決算内容や業績を理解しやすくなり、経営判断に必要な会計情報を活用する能力が身につきます。これにより、経理部門の仕事をしている方に限らず、どのような方にとっても実生活で役に立つ資格試験だと言えます。

また、ビジネス会計検定の取得は、新聞やニュースでよく見る「経常利益」「純利益」「利益率」などの用語の意味がわかるようになり、新聞やニュースの見方が変わるというメリットもあります。さらに、ビジネス会計検定の勉強をしておくと、将来のキャリアアップの布石となるでしょう。

ファイナンシャルプランナー

ファイナンシャルプランナーとは、個々のライフプランを豊かにするための家計のホームドクターとも言える専門家です。この資格は、国家資格と民間資格が存在し、それぞれに特徴や認定団体、難易度などが異なります。

国家資格には「ファイナンシャル・プランニング技能士（3級・2級・1級）」があり、これらは一度取得すれば一生ものの資格となります。一方、民間資格には「ＡＦＰ（アフィリエイテッドファイナンシャルプランナー）」と「ＣＦＰ（サーティファイドファイナンシャルプランナー）」があり、これらは継続教育が義務づけられ、2年ごとに資格を更新し、一定の単位を取得しなければなりません。

ファイナンシャルプランナーの資格を持つことで、経理の知識があれば理解がスムーズになるため、他の職種の方と比べて資格取得が容易になります。また、法人の仕訳問題なども出題されるため、経理の知識があると有利です。

しかし、経理実務という観点では、ファイナンシャルプランナーの資格はあまり役立たないと言われています。それは、ファイナンシャルプランナーの資格が主に個人の金融リテラシーの向上に重点を置いているからです。

そのため、経理実務に直接関連する知識やスキルは限定的であると言えます。ただし、経理が給与計算や社会保険手続などを行う場合、ファイナンシャルプランナーの資格は役立つと言えます。これは、ファイナンシャルプランナーの資格が、社会保険や公的年金の給付などの論点をカバーしているためです。

したがって、ファイナンシャルプランナーの資格は、経理の職種においては簿記の補足資格としての役割を果たし、特定の状況下での優位性を提供します。しかし、その主な利点は、個人の金融リテラシーの向上と、金融に関する幅広い知識を持つことによる一般的な優位性にあります。

ＭＯＳ（マイクロソフトオフィススペシャリスト）

マイクロソフトオフィススペシャリスト（ＭＯＳ）は、マイクロソフト社が主催する、Excel・

Word・PowerPoint などの Micr Ｏs oftOffice 製品の知識・操作スキルを客観的に評価・証明する資格試験です。この資格は、Word、Excel、PowerPoint、Access など、各アプリケーションに特化した試験があります。また、Office365 と Office2019 に関する総合的な試験もあります。

ＭＯＳの取得により、自分のスキルレベルを客観的に示し、キャリアアップを図ることができます。特に、昨今のデジタルトランスフォーメーション（ＤＸ）の流れの中で、ＭＯＳの重要性はますます高まっています。企業のＩＴ化が進む中、高度なＩＴスキルを持つ人材が求められているからです。

経理・財務の分野においては、ＭＯＳ資格は特に Excel の利用スキルを証明できるため、大きな利点となります。Excel 操作に慣れていることは、経理の仕事において大きなアドバンテージとなります。データ分析や財務管理に関する問題が多く出題されるのが特徴です。

したがって、ＭＯＳ資格を取得することで、経理・財務の業務効率を向上させることができます。

3　簿記学習

前述のとおり経理で活躍する上で、簿記の存在は必要不可欠です。簿記の取得に向けた学習方法は人それぞれですが、一般的には次のようなステップがあります。

まず、基本的な会計の知識を得るためには、テキストや参考書を一通り読むことが重要です。これにより、簿記の基本的な概念や用語を理解し、会計の基本的なフレームワークを把握することができます。

次に、問題演習を積極的に行うとよいでしょう。これにより、学んだ知識を具体的な問題解決に活用する能力を養います。また、問題演習を通じて、自分の理解度を確認し、理解が不十分な部分を見つけ出すことができます。

そして、直前期には、予想問題を繰り返し解くことが有効です。これにより、試験に出る可能性の高い問題に対する対策を行い、試験に臨む自信をつけることができます。

また、簿記の学習においては、理解よりも暗記を重視するのではなく、理解を大切にすることが推奨されます。簿記は、一定のルールに沿って数字を記録し、整理していくための技術であり、そのルールや原理を理解することが重要です。

さらに、独学で学習する場合でも、通信講座や通学講座を利用することも1つの方法です。これらの講座では、経験豊富な講師から指導を受けることができ、自分1人で解決できない疑問点や不明点を質問することができます。

以上のように、簿記の学習方法は、テキスト学習、問題演習、予想問題の解答、理解の重視、そして通信講座や通学講座の利用など、多岐にわたります。これらの方法を組み合わせて、自分に最適な学習方法を見つけることが重要です。

4　会社で使う印鑑

会社で使う印鑑の種類

会社で使用する印鑑には、次のような種類があります。

①実印

実印は、会社の法的な契約や重要な書類に押す印鑑です。通常、社長や代表者が保管し、使用します。

実印は会社を代表するものであり、その使用は厳重に管理されるべきです。

②銀行印

銀行印は、会社の銀行取引に使用される印鑑です。たとえば、小切手の発行や口座開設時に使用されます。銀行印は通常、会社の財務部門が保管し、使用します。

③認印

認印は、日常的な業務で使用される印鑑です。たとえば、一般的な書類の受領や社内文書の承認などに使用されます。認印は、各部門や個々の従業員が保管し、使用することがあります。

④角印

角印は、会社の正式な名称が記載された印鑑です。通常、公式な書類や契約書、請求書などに押されます。角印は通常、社長や代表者が保管し、使用します。

以上が、会社で使用する主な印鑑の種類とその用途です。それぞれの印鑑は、その用途と重要性に応じて適切に管理されます。また、印鑑の使用は、会社の規模や業種、業務内容により異なる場合があります。よって、具体的な使用方法や管理方法は、それぞれの会社の特定の必要性に応じて変化します。

5　印紙税

印紙税とは

印紙税とは、契約書や領収書など、法令で定められた特定の文書に対して課税される税金のことを指します。この税金は、経済活動にかかわる書類を作成することで「経済的な利益を得る可能性がある」等の観点から、税金が課されると考えられています。

具体的には、「契約書などに書かれたお金を払うだけの余裕があるため、さらに税金を負担する能力もあるだろう」という考え

方があります。また、国が経済活動を法的に担保する代わりに、その対価として税金を課すという考え方もあります。

印紙税は、原則として「収入印紙」によって納税します。収入印紙は、印紙税を納めるために必要な証票（紙片）で、その納付方法は印紙税法第８条により規定されており、課税文書に貼り付ける方法によることが原則とされています。

現在では従来の紙の契約書に加えて、電子契約も普及しています。電子契約と紙の契約書との間には、いくつかの重要な違いがあります。その１つがこの印紙税の扱いです。

電子契約／クラウドサインについて

電子契約では、契約内容を記載した電子ファイルを契約の相手方と取り交わし、電子署名を付与することで契約を締結します。電子契約は、電子署名やタイムスタンプを活用することで、契約の真正性や非改ざん性を担保する仕組みとなっています。電子契約の場合、印紙税は非課税とされています。

これは、印紙税法により、契約書をはじめとする課税文書を作成する場合は、収入印紙の貼付で納税する必要がありますが、課税文書は書面のみを対象としており、電子データは対象外となるためです。

したがって、電子契約には印紙税が課税されません。

従来の紙の契約書

一方、従来の紙の契約書では、契約内容を記載した紙の文書に印紙を貼り、それを契約の相手方と取り交わすことで契約を締結します。この場合、契約書の種類や金額に応じて印紙税が課税されます。

ただし、電子契約のデータを印刷し、それを紙の契約書として使用する場合は、印紙税が課税される可能性があります。この点には注意が必要です。

以上のように、電子契約と従来の紙の契約書とでは、印紙税の扱いに大きな違いがあります。電子契約を利用することで、印紙税のコストを削減することが可能です。ただし、すべての契約書類が電子化に対応しているわけではないため、電子契約を導入する際は事前確認が大切です。

6　給与明細の読み方

給与明細とは

給与明細は、給与の計算根拠を示した書面で、主に「勤怠」「支給」「控除」の３つの欄に分かれています。

①「勤怠」欄

出勤日数、欠勤日数、有給休暇取得日数、総労働時間数、時間外労働時間数など、給与計算の根

拠となる勤務実績の集計結果が示されています。

②「支給」欄

基本給、時間外労働手当、通勤手当、住宅手当など、会社から社員に支払われる金額の詳細が示されています。その総額が、いわゆる「額面」です。

③「控除」欄

所得税、住民税、雇用保険料、健康保険料、厚生年金保険料、介護保険料といった、租税公課が控除されます。労働組合費、食事代、親睦会費など、会社独自の控除項目がある場合もあります。

控除されるものの計算の流れ

ここで、控除されるものの一部の計算方法を例示します。まず、所得税は、給与から所得税を天引きし、企業が本人に代わって国に納付する税金です。その計算方法は次のような流れになります：

(1)給与収入から非課税の手当と給与所得控除を引いて給与所得を求めます。

(2)給与所得から所得控除を引いて課税所得を求めます。

(3)課税所得に税率をかけてから控除額を引くと所得税額が求まります。

具体的には、次の式で表されます。

所得税額＝課税所得金額×所得税率－控除額

次は社会保険料です。社会保険料は、健康保険料、厚生年金保険料、介護保険料の３つから成り立ちます。

これらは、標準報酬月額や標準賞与額に保険料率をかけることで計算されます。標準報酬月額は4〜6月の平均月収を50等級に区分したものです。標準賞与額は税引前の賞与総額の千円未満を切り捨てたものです。

7　税金との付き合い方

顧問税理士

顧問税理士とは、一定期間において顧問契約を結んだ税理士のことです。顧問税理士は、税法の専門家の立場から税務と会計のサポートをします。顧問税理士は、経営に関することを相談できる身近で頼りになる「かかりつけ医」のような存在です。

顧問税理士の役割

・顧問税理士は、税務と会計のサポートを行います。
・継続的なサポートを提供し、経営者の相談相手となります。

・年間契約を結び、定期的に会社の経理状況を把握し、税務処理や代理人として税務署への対応を行います。

顧問税理士のメリット

・信頼できる相談相手が得られます。
・会計税務処理の不安が解消できます。
・優遇税制等のアドバイスを受けることができます。
・最新の税務情報を入手できます。
・他社の事例を知ることができます。
・決算対策の提案を受けることができます。
・正確な申告書を提出することができます。
・税務調査に対応してもらえます。
・社会的信用度が向上します。
・他の士業を紹介してもらえます。

顧問税理士の業務内容

・記帳代行

・決算申告代行
・顧問料
・資金調達や節税、事業承継の相談

顧問税理士の料金

・顧問料は月額1・3万円～3万円、法人では1・5万円～5万円です。
・記帳代行は月額5000円～1・5万円、法人では7000円～3万円です。
・決算申告代行は年額7・5万円～15万円、法人では10万円～24万円です。

顧問税理士の選び方

・業務内容を確認します。
・委託業務の範囲を確認します。
・契約期間・解約条項を確認します。
・相性の合う税理士を探します。

顧問税理士のデメリット

・コストがかかることです。顧問料は年間で36～60万円ほどかかります。

顧問税理士の依頼時期

・会社設立から数年が経過したとき。
・法人成りをしたとき。
・売上が１０００万円を超えたとき。

顧問税理士の役割の例

・Ｍ＆Ａのサポート。
・株式上場のための準備作業のサポート。

税務署対応

税務署からの突然の訪問や調査に備えて、次のように対応することが重要です。

①税務調査への対応

税務調査は任意のものであり、税務署員が許可なく部屋に入ることはできません。税理士に代理権を委任しておけば、税理士が税務署と交渉することができます。

調査内容は売上現金の実際の残高と伝票類の確認、最近の売上伝票などの日報の確認が中心です。

調査後に修正申告が必要になった場合は、実際の税額と申告済みの税額の差額に加え、追徴課税分を納付しなければなりません。

②税務相談の方法

国税相談専用ダイヤル（0570-00-5901）に電話をかけ、音声案内に従って相談内容の番号を選択すると、国税局の職員等が対応します。

所轄の税務署に電話をかけ、音声案内に従って「1」を選択し、相談内容の番号を選択すると、税務署の職員が対応します。

国税庁ホームページの「チャットボット」や「タックスアンサー」を利用すれば、土日や夜間でも一般的な国税の質問に対する回答を調べることができます。

以上のように、税務署からの突然の訪問や調査に備えて、事前に税理士に相談しておくことをおすすめします。また、日頃から国税に関する一般的な質問については、国税庁のサービスを活用することで、効率的に対応できるでしょう。

節税

経理担当者が活用できる主な節税対策は次のようなものがあります。

・役員報酬を損金計上する

役員報酬を適正な金額に設定し、法人税の節税につなげることができる。ただし、役員個人の所得税も考慮する必要がある。

・経営者や従業員の家を社宅として扱う
会社が賃貸物件を借りて、経営者や従業員に社宅として貸すことで、家賃が経費として計上できる。

・経営者への旅費日当を支給する
経営者の出張時の旅費日当を経費として計上できる。適正な金額と根拠資料が必要。

・未払費用を漏れなく計上する
今期中に発生した費用のうち、支払いが来期になるものを未払費用として計上することで、今期の利益を減らせる。

・特別償却を活用する
特定の機械設備やソフトウェアなどを導入した際に、初年度に特別償却を行うことで、法人税の節税が可能。

・雇用促進税制を活用する
一定の要件を満たせば、新規雇用者1人につき最大１７０万円の税額控除が受けられる。

・決算月に修繕やプロモーションを前倒しで行う
翌期以降の支出を今期中に行うことで、損金計上できる。

経理担当者は、自社の状況に合わせて、これらの節税対策を検討・活用することで、法人税の負担を軽減できます。

8　会計ソフトの選び方

会社ソフトを選ぶポイント

会計ソフトを選ぶ際には、次のポイントを考慮するといいでしょう。

①使用している機器のＯＳ・性能に対応しているか

使用しているパソコンやスマホのＯＳ（mac/Windows）に対応しているか確認しましょう。

②事業内容に合っているか

個人事業主向け・法人向けで選ぶ。事業形態や従業員の規模に合うものを選択しましょう。

(3)仕訳入力などの機能が充実しているか

簡単に帳簿を作成できるかどうか比較する。

④サポート体制は充実しているか

使用者が多く、インターネット上にＱ＆Ａ記事が多い会計ソフトもおすすめ。

⑤バージョンアップに対応しているか

税制改正の対応をしてくれる。

これらのポイントを考慮した上で、次の会計ソフトをおすすめします。

・弥生オンラインシリーズ（弥生会計オンライン）弥生株式会社
・会計 freee｜freee 株式会社
・ジョブカン会計｜株式会社 DONUTS
・マネーフォワードクラウド会計 Plus｜株式会社マネーフォワード
・OracleNetSuite｜日本オラクル株式会社　等

会計ソフトを使うメリット

とくに次のような特徴をもっている会計ソフトはおすすめです。

①内部統制の強化

「仕訳承認フロー」や「権限ロール設定」が搭載されており、内部統制の強化に対応できます。これにより、すべての仕訳が承認を経て記帳されるため、正確性と信頼性が担保されます。

②監査対応の効率化

クラウド型であるため、監査法人と会計システムを共有し、Web 上で証憑確認等の監査手続を行うことができます。これにより、監査対応のための紙文書作成や来社対応などの時間を削減できます。

③グループ経営の効率化

多拠点で利用が可能であり、グループ各社の経営数値をリアルタイムに確認することができます。

これにより、迅速かつ的確な意思決定を実現します。

④データ連携

マネーフォワードの他システムや外部データ（金融機関やクレジットカードなど）間でシームレスにデータ連携ができ、業務の自動化と決算の早期化の実現を可能にします。

これらの特徴を持つ会計ソフトは、ＩＰＯ準備企業や上場企業、上場企業の子会社など、幅広い規模の企業に対応した会計ソフトとして高く評価されています。

これらのソフトウェアは、機能性、使いやすさ、サポート体制など、前記の選択基準を満たしています。しかし、最終的な選択は、ご自身のビジネスニーズと予算によります。いくつかのソフトウェアを試用し、最も適したものを選ぶことをおすすめします。

9　電子帳簿保存法って何をすればいいの？

電子帳簿保存法とは

電子帳簿保存法（電帳法）とは、税務関連の帳簿や書類を電子データで保存することを認めた法律です。原則として、すべての企業や個人事業主が対象となります。この法律では、電子帳簿等保存、スキャナ保存、電子取引データ保存の3種類があり、それぞれに特定の要件

が定められています。

電子帳簿保存法の対象は、所得税や法人税の国税関係帳簿書類の保存義務者です。法人税を納める義務がある法人や所得税を納める個人事業主が対象となります。

ただし、電子取引をしていない企業や事業者、または紙媒体で書類を受け取る場合は、データ保存の義務はありません。

電帳法の保存要件

電子帳簿保存法では、電子帳簿等保存・スキャナ保存・電子取引データ保存の３つの区分で要件が定められており、保存する際は、各区分の要件を満たすことが必要です。

(1)電子帳簿等保存：電子的に作成した帳簿や書類をデータのまま保存する。

(2)スキャナ保存：紙で受領・作成した書類を画像データで保存する。

(3)電子取引データ保存：電子的に授受した取引情報をデータで保存する。

ただし、２０２２年1月の改正により、電子取引で扱った電子データを紙に出力しての保存ができなくなりましたが、企業の準備期間として２０２３年12月末まで2年間の猶予期間が設けられています。

以上のように、電子帳簿保存法は税務関連書類の電子保存を認める一方で、一定の要件を定めています。企業は法改正に合わせて適切な対応を取る必要があります。

クラウドサービスの活用

そこで、電子帳簿保存法に対応するにあたって、クラウドサービスを活用することが推奨されています。クラウドサービスを使用することで、電子データの保存が容易になり、多様な働き方に対応できるようになります。

また、クラウドストレージを使用することで、データの保存場所を安価で確保でき、拡張も簡単に対応できます。

電子帳簿保存法に対応したクラウドサービスを使用することで、次のようなメリットが期待できます。

①データ保存の容易さ

クラウドサービスを使用することで、データの保存が容易になります。

②多様な働き方に対応

クラウドサービスを使用することで、多様な働き方に対応できるようになります。

③災害時に対応

クラウドサービスを使用することで、災害時にもデータを安全に保存できるようになります。

ただしクラウドサービスを選ぶ際には、いくつか注意点があります。クラウドサービスはインターネット上でのデータ管理であり、オフライン下では利用できません。また、クラウドサービスを使用することで、情報漏洩のリスクが生じる可能性があります。

電子帳簿保存法に対応したクラウドサービスを選ぶ際には、次の点を確認する必要があります。

・クラウドサービスが電子帳簿保存法の要件を満たしているかを確認します。
・クラウドサービスが検索要件を満たしているかを確認します。
・クラウドサービスがタイムスタンプ付与機能を有しているか。

10　経理で必要な環境や道具とは

経理業務の効率化の視点

経理業務を効率的に行うためには、次のような環境や道具が必要となります。

①文房具

経理はサインや数字を書く機会が多いので、ボールペンは必須です。フリクションボールペン（消せるボールペン）は滲みやすく、サインなど証跡として使用される書類には使用できないため、経理ではおすすめしません。また、経理用の電卓も必要です。

②外部デバイス

経理業務は数値を打つ機会が多いので、テンキーの有無で作業スピードが大きく異なります。ノートパソコンを使うとテンキーがなくて不便に思うことがあるため、外部接続のテンキーを繋げて利用することが推奨されます。

③ソフトウェア

経理業務には会計ソフトが必要です。これにより、財務報告、税務申告、給与計算などの業務を効率的に行うことができます。

④知識とスキル

経理業務を行うためには、会計や財務に関する基本的な知識が必要です。また、経理担当者は日々の業務を通じて、組織の一般事務を行うこともあるため、一般事務の基礎的な知識も身につけておくといいでしょう。

⑤オフィス用品

快適な作業環境を整えるためには、適切な椅子や机、パーティション、耐火金庫、本棚、収納ボックス、フロアケース、傘立てなどのオフィス用品が必要です。

これらの道具や環境を整えることで、経理業務をより効率的に、そして快適に行うことができます。また、経理の知識やスキルを向上させるためには、定期的な研修や自己学習が重要です。

経理は企業の財務状況を把握し、経営陣に情報を提供する重要な役割を果たします。そのため、経理業務を行う上での基本的な知識とスキル、そして適切な道具や環境は必須となります。

第3章　経理の実務知識

1　現金の管理方法

現金は経理の基本

経理と現金の関係性は、次の通りです。

現金は経理業務の基本であり、現金の管理から始まり、現金の管理で終わると言われるほど重要です。

しかし、現金は紛失や不正につながるリスクが高いため、徹底した管理が必要です。経理担当者は適切なお金の扱いを身につける必要があります。

会計上の現金には通貨のほか、金融機関などですぐに換金できる流動性の高いものも含まれます。たとえば他人振出小切手、郵便局で購入できる定額小為替などが挙げられます。現金の預け入れや引き出しは、資産科目の増減として仕訳することが必要です。

以上のように、経理においては現金の適切な管理が非常に重要であり、経理担当者は現金の扱いに習熟する必要があります。そこで、経理における現金管理の重要なポイントは次の通りです。

会社と個人の財布を分ける

会社の現金と個人の現金を明確に分けて管理することが重要です。会社の現金は会社の収入や経費として扱い、社長など役員のプライベート分には使わないようにします。

毎日の売上を即日預け入れる

小売店や飲食業など現金商売の場合は、その日の売上をそのままレジに残さず、売り上げた１日ごとにまとめて全額預金に預け入れることが重要です。これにより、売上データ（ジャーナル）と預金金額の一致を客観的に証明できます。

小口現金の管理を効率化する

小口現金とは、日々発生する少額の経費を支払うために用意した現金のことです。交通費や慶弔費などに使用されます。小口現金の管理には、「小口現金出納帳」を使用します。この帳簿に支出内容や金額、補給した金額を記録し、毎日現金残高と帳簿残高を照合します。

小口現金の補給方法には、「定額資金前渡制度」と「随時補給制度」の２つがあります。定額資金前渡制度は一定額を定期的に補給する方式で、管理が容易です。

小口現金管理には次のルールが重要です。

●現金の受け渡しは複数人で確認する。
●小口現金の上限額を設定する。
●支払内訳を正確に記録する。

●日々の精算は小口現金出納帳に記入するが、仕訳は不要。
小口現金管理の負担を軽減するには、経費精算システムの導入が効果的です。小口現金管理サービスの導入や、定額資金前渡制度（インプレスト・システム）を活用することで、管理を効率化できます。

現金と帳簿の残高を定期的に照合する

月末時点で金庫内の現金の金種を集計し、現金出納帳と残高を突き合わせることが一般的です。毎日の現金管理は面倒になりがちですが、会社と個人の財布を分けることや、支払タイミングでの社長の一時立て替えなどで工数を減らすことが重要です。

以上のように、会社と個人の区分、売上の即日預け入れ、小口現金の効率化、現金と帳簿の照合を意識した現金管理を行うことで、不正防止、税務調査対策、外部からの評価向上につながります。

2　手書きの伝票は必要？

経理では、日々の取引内容を記録した書類である伝票を使用します。
主な伝票の種類と役割は次の通りです。

●入金伝票：顧客からの入金や売掛金の回収を記録する伝票。

●出金伝票：仕入先への支払いや経費の支払いを記録する伝票。
●振替伝票：現金以外の取引を記録する伝票。たとえば、売掛金から仕入債務への振替えなど。
●売上伝票：顧客への商品・サービスの提供を記録する伝票。
●仕入伝票：仕入先からの商品・サービスの購入を記録する伝票。

伝票には共通して、取引の日付、金額、勘定科目、摘要（取引内容）などが記載されます。これらの伝票を元に、仕訳帳や総勘定元帳への記帳が行われます。

伝票式会計では、伝票をそのまま総勘定元帳に転記することで会計帳簿を作成します。簿記の知識がなくても会計処理が可能で、効率的な経理業務に役立ちます。

経理では、伝票の保管や管理も重要な業務の1つです。伝票は税務申告の根拠書類となるため、法定の保存期間を守る必要があります。

その中で、手書きの伝票も多く存在します。次に、手書き伝票の重要性をいくつか説明します。

●信頼性

手書き伝票は直感的であり、従業員が取引内容を詳細に記入できます。これにより、正確な情報が伝わります。また、紙の伝票は改ざんのリスクが低く、信頼性が高いです。

●柔軟性

特定の状況に合わせてカスタム伝票を作成できます。たとえば、特定のプロジェクトや部門向けの伝票を作成することができます。

●システム依存性

一部の企業や業界では手書き伝票が標準的です。伝統的な方法を尊重することで、ビジネスの信頼性を高めることができます。

デジタル伝票

ただし、デジタル化された方法も増えており、正確性と効率性を向上させるためにデジタル伝票を採用する企業も増えています。

デジタル伝票とは、伝票を電子化して保存ややりとりを行うシステムです。このシステムは、ペーパーレス化を推進し、業務効率化やコスト削減を目的としています。

●電子化

紙ベースの伝票をデジタル形式に変換し、電子的に保存ややりとりを行うことができます。

●ペーパーレス化

紙の使用を減らすことで、環境に優しく、コスト削減にもつながります。

●業務効率化

電子化された伝票を使用することで、業務の自動化や標準化が進み、効率化が期待できます。

●法的要件

電子帳簿保存法やe・文書法などの法的要件に準拠した保存ややりとりが可能です。

現在主要な例では、次のようなものがあります。

●ヤマト運輸のらくらく送り状発行サービス

ヤマト運輸が提供するサービスで、デジタル形式で送り状を発行し、電子的に保存ややりとりを行うことができます。

●伝票のスキャン（電子化）サービス

紙の伝票をスキャンして電子化し、保存ややりとりを行うサービスです。

●MicrosoftDynamics365BusinessCentralのデジタル伝票

Microsoft が提供する ERP システムで、デジタル伝票を使用して取引の証拠や監査証跡を保持することができます。

3　現金主義と発生主義

現金主義の考え方とメリット・デメリット

現金主義とは、現金の受け取りや支払いがなされた時点で会計処理をする考え方です。

現金主義のメリットは、次の通りです。

●経理初心者でも計上のタイミングを間違いにくく、記帳をスムーズに

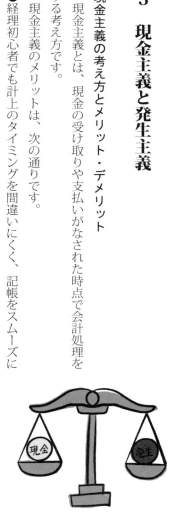

行いやすい。

●現金の出入りを基準に記帳を行うため、判断基準がシンプルでわかりやすい。

●支払いや売上などの入出金をもとに売上や費用を計上するため、処理がわかりやすく管理の手間が少ない。

一方で、現金主義にはいくつかのデメリットもあります。

●掛取引や未払い、未入金が帳簿上で確認できない。

●発生主義と比べ、財政状況を正確に把握するのが難しい。

●青色申告の特別控除が最大10万円に制限される。

●現金の動きと関係なく発生した収益や費用を適切に認識できない。

総じて、現金主義は会計処理が単純で初心者向けですが、発生主義と比べると財務状況の正確な把握が難しく、税制上のデメリットもあります。一定の要件を満たす小規模事業者のみが適用可能な特例制度といえます。

発生主義の考え方

発生主義とは、取引が発生した時点で会計帳簿をつけるという考え方であり、企業会計原則の概念の1つです。取引発生のタイミングで実際に金銭のやり取りが行われているかどうかは関係ありません。前払いや後払いの取引であっても、等しく「取引が発生した時点」で計上します。

発生主義において、取引発生時点と金銭のやり取りのタイミングが異なる場合は、それぞれのタイミングで仕訳を行います。

たとえば、１万円の消耗品を購入し、後日支払う場合は次のように仕訳を行います。

●購入（取引発生）時　（借方）消耗品１万円／（貸方）未払金１万円

●支払時　（借方）未払金１万円／（貸方）現金１万円

発生主義は、現金主義や実現主義と比べ、取引が発生した時点で費用と収益を計上することが特徴です。これにより、企業の財政状況を正確に把握でき、納税額の予測も立てやすくなります。

発生主義のメリット・デメリット

発生主義のメリットは次の通りです。

●権利や義務の発生を把握しやすい。たとえば、電気料金や電話代は支払時ではなく請求書を受け取ったときに会計処理する。

●固定資産の減価償却費の認識など、取得した固定資産を消費した事実に基づいて認識できる。

●会計期間ごとに費用と収益が正しく対応し、会計期間に応じた正確な利益を確認できる。

●未回収の売掛金や未払いの買掛金等も正しく管理できるので、事業の財務状況の把握に有効。

一方で発生主義のデメリットは次の通りです。

●発生による認識から実際の金銭のやりとりまでにタイムラグが生じるため、時価変動の影響を受けやすい。

●発生主義は必ずしも現金の流れと一致するものではないため、現金主義のようにお金の流れを正確に捉えられない。

●発生主義・実現主義を理解するのに会計知識が必要で、初心者には混乱を招くことがある。

●売上は実現主義によって計上されるため、確実に現金化されるという保証がなく、会計処理に不確実性が生まれる。

以上のように、発生主義は正確な期間損益の算定に有効ですが、現金の流れとズレが生じるデメリットもあります。発生主義のデメリットを補うために、会計システムの導入などを検討することが重要です。

4　日々発生する消費税取引について

消費税とは

消費税は、商品やサービスの販売に対して課される税金です。次に概要を示します。

消費税がかかる取引です。消費税の課税対象は、国内において事業者が事業として対価を得て行う資産の譲渡等および特定仕入ならびに保税地域

から引き取られる外国貨物の引取り（輸入取引）に限られます。したがって、無償で行われる取引は、消費税の課税の対象とはなりません。

消費税は、商品・製品の販売やサービスの提供などの取引に対して広く公平に課税される税で、消費者が負担し事業者が納付します。事業者には原則として消費税の納税義務があります。

課税期間（個人事業者は暦年、法人は事業年度）の基準期間（個人事業者は前々年、法人は前々事業年度）における課税売上高が１０００万円を超える事業者に対しては、消費税の納税義務があります。

税率の区分

●標準税率：大多数の商品やサービスに適用されます。

●軽減税率：食料品、新聞、書籍、医療機器などの一部の商品やサービスに適用されます。

消費税の軽減税率制度は、２０１９年10月1日から実施されています。この制度は、標準税率（10％）と軽減税率（８％）の複数税率を導入し、特定の商品やサービスの税率を低く設定することで、消費者の負担を軽減することを目的としています。軽減税率の対象として例を示します。

まずは、飲食料品です。食品表示法に規定する「食品」で、酒類を除くものです。２つ目は定期購読新聞です。週2回以上発行される政治、経済、社会、文化等に関する一般社会的事実を掲載する新聞で、定期購読契約に基づくものです。

課税事業者が自社の課税売上に係る消費税額から、課税仕入等に係る消費税額を差し引いた分を納税するという仕組みが「仕入税額控除」です。2023年10月からインボイス制度が導入され、仕入税額控除を受けるには適格請求書（インボイス）の交付・保存が必要となりました。

非課税

消費税の課税対象となるのは国内の事業者が対価を得て行う資産の譲渡や貸付け、役務の提供などの取引です。一方で、社会政策的な配慮から非課税とされているものや、消費税の性質になじまない取引については非課税扱いとなります。

消費税の非課税取引には、次のようなものがあります。

●住宅の家賃・人の居住用であることが明らかな住宅の家賃は非課税となります。ただし、テナント賃料や貸付期間が1か月未満の場合は課税対象となります。

●教科書や身体障害者向け商品の販売・非課税対象となる商品を販売する場合は非課税取引となります。

●家事代行サービスなどのサービス提供・ベビーシッターなどの非課税対象のサービスを提供する場合は非課税取引となります。

●無償の取引・寄付や贈与、営利を目的としない親睦会の会費などの無償の取引は非課税となります。

●利益の配当、宝くじの当せん金・利益の配当や宝くじの当せん金は非課税取引です。

不課税

不課税取引とは、そもそも消費税の課税対象にならない取引のことを指します。次の４つの条件のうち、いずれか1つでも当てはまらない取引は不課税取引となります。

●日本国内において行うものであること。
●事業者が事業として行うものであること。
●対価を得て行うものであること。
●資産の譲渡、資産の貸付、役務の提供であること。

不課税取引の具体例は、次の通りです。

●給料や賃金。
●寄付金、祝い金、見舞金、補助金など。
●試供品や見本品の無料提供。
●保険金や共済金。
●株式配当金や出資の分配金。
●資産の廃棄、資産の盗難や滅失。
●損害賠償金。

不課税取引は、そもそも消費税の適用対象にならないため、課税売上割合の計算においても分母にも分子にも算入されません。一方、非課税取引は原則として分母にのみ算入されます。

5　輸出入取引

輸入取引にかかる消費税

輸入取引においては、原則として消費税が課税されます。具体的には、保税地域から引き取られる外国貨物（輸入品）には消費税がかかります。輸入品を引き取る者は、輸入申告書を提出し、消費税を納付する必要があります。

なお、外国貨物の引取りについては、別途地方消費税も併せて課税されるため、単に国税としての消費税を考えるだけでなく、地方消費税を含めた税負担を考えることが重要です。

また、課税標準は、関税課税価格（ＣＩＦ価格）に消費税以外の個別消費税と関税の額に相当する金額を加算した合計額です。

したがって、輸入品を引き取る取引が対価性のない取引（無償取引）であっても、消費税が課税されます。

6　インボイス制度

インボイス制度とは

インボイス制度は、売手と買手の間で正確な適用税率や消費税額を伝えるための仕組みです。具体的には、適格請求書（インボイス）に記載された事項が重要です。売手側は登録事業者として、買手から求められた場合にインボイスを交付しなければなりません。

一方、買手は仕入税額控除を受けるために、売手から交付されたインボイスを保存する必要があります。

この制度は、複数税率に対応した消費税額の仕入税額控除を効率的に行うために導入されました。インボイス制度は、ビジネス取引において重要な役割を果たす仕組みです。具体的には、次のポイントが挙げられます。

請求書の発行

●インボイスは商品やサービスの提供後に発行される請求書です。
●取引の詳細、金額、支払条件などが記載されています。

法的要件の遵守

インボイス制度の法的要件は、次の通りです。

●適格請求書の保存

インボイス制度では、適格請求書（インボイス）や仕入明細書などの保存が仕入税額控除の要件となります。

●登録番号の記載

インボイスには、適格請求書発行事業者にのみ通知される登録番号が記載される必要があります。法人の場合「T＋法人番号」、個人事業主などは「T＋13桁の数字」です。

●税率ごとに消費税額の記載

インボイスには、税率ごとに消費税額等を記載することが要件に加わりました。8％と10％に区分されたうえで消費税額が記載されているか確認する必要があります。

●端数処理

インボイスの記載事項である「税率ごとに区分した消費税額等」に1円未満の端数が生じる場合には、「一のインボイスにつき、税率の異なるごとに1回」の端数処理を行う必要があります。

●電子データでの保存

インボイスを電子データで保存する際は、電子帳簿保存法の要件を満たす必要があります。具体的には、「真実性の確保」で1つ、「可視性の確保」で3つの保存要件を満たさなければなりません。

これらの要件を満たすことで、インボイス制度に則った適切な請求書の保存と税務処理が行えます。

税務目的

●税金の計算や申告に必要な情報を提供します。

●課税対象となる取引にはインボイスが必要です。

取引の透明性

取引の記録としてインボイスを保管することで、透明性が確保されます。

7　領収書のつくり方

領収書の構成

領収書は、次のように構成されます。

①宛名

○支払者の氏名や会社名を正式名称で記載します。

○一部の業種では宛名の省略が認められています。

②日付

○支払者から代金を受け取った日付を年月日で記入します。

③金額

○実際に受け取った金額を記載します（税込金額）。

○金額の書き方には改ざん防止のルールがあります。

④但し書き

○受け取った金額が具体的に何の代金なのかを記載します。

⑤発行者

○商品やサービスの提供者の店舗名や企業名、住所、連絡先を記載します。

⑥5万円以上の領収書には収入印紙が必要

○領収書に記載された金額が税抜5万円以上の場合、収入印紙を貼付します。

⑦内訳（インボイス制度対応での追加項目）

○消費税10％と8％の区分を記載します。

○税率ごとに区分した消費税額等も記載します。

⑧登録番号（インボイス制度対応での追加項目）

○適格請求書発行事業者として登録されている場合、登録番号を記載します。

簡易インボイス

簡易インボイス（適格簡易請求書）は、通常の適格請求書（インボイス）に比べて簡略化した記載が認められている、レシートや領収書などを含めた消費税の仕入税額控除を受けるために必要な重要書類の1つです。特定業種の取引に限定して交付でき、適用税率や書類の交付先などの記載が不要ですが、適格請求書とは異なります。

簡易インボイスのメリットは、次のようになります。

(1)事務負担の軽減

○簡易課税では、一般課税に比べて消費税額の計算が簡単で、経理・事務業務の負担が軽減されます。

○みなし仕入率で計算したほうが、一般課税で計算するよりも消費税の納税額を抑えられる場合があります。

(2)納税額を少なくできる

簡易インボイスによって納税額を小さくできる理由は、みなし仕入率という特別な計算方法にあります。簡易課税制度では、仕入れた商品やサービスの消費税額を、実際の支払額ではなく一定の割合で計算します。

具体的には、みなし仕入率が影響を持ちます。簡易課税では、仕入れた商品やサービスの代金の一部をみなし仕入として計上します。このみなし仕入率は、一般的には売上高の一定割合（例：８％や10％）となります。みなし仕入率を適用することで、実際の仕入額よりも少ない税額を計算できます。その結果、納税額が抑えられることがあります。

簡易インボイスは、小規模事業者にとって税務手続きを簡素化し、納税額を最小限に抑える手段となっています

適格請求書のつくり方

宛名と送付者情報

宛名には受取側の会社名または個人名を記載します。

敬称は「様」または「御中」を使います。「御中」は、相手方の組織や会社全体を尊敬の意を込めて指す言葉です。一般的には宛名の後ろに付けて使います。

例：「株式会社○○御中」（○○は会社名）「様」は、相手方に対する丁寧な敬称です。個人の名前や肩書きの後ろに付けて使います（例：「田中様」「部長様」）。

送付者情報には発行者の会社名、住所、電話番号、担当者名を記入します。

請求書の発行日は受取側の経理処理に影響するため、受け取り側の締め日に合わせて設定します。

また、請求書ごとに通し番号を付与して識別しやすくしたほうがよいです。

取引年月日、取引内容、税率ごとの税込対価を記載します。振込先の口座情報と振込手数料も記載すると確実です。

次は、インボイスに対応した適格請求書に必要な主な項目です。

●発行者の情報
発行者の氏名または名称と、適格請求書発行事業者の登録番号を記載します。
●取引日
課税資産の譲渡等を行った年月日を明記します。
●取引内容
商品やサービスの具体的な内容を記載します。軽減対象資産の譲渡等であればその旨も記入します。
●税率ごとの金額
税抜価格または税込価格を税率ごとに区分して合計した対価の額を示します。
●消費税額等
税率ごとに区分した消費税額を明記します。

適格請求書の記載例

次は、具体的な記載例です。

●発行者の情報
▽会社名（法人の場合）：○○株式会社
▽屋号＋氏名（個人事業主の場合）：○○商店　田中太郎

●取引日
▽2023年4月1日（西暦で表記する場合）または令和5年4月1日（和暦で表記する場合）
●取引内容
▽コピー機カートリッジ1個
●税率ごとの金額
▽合計金額：10万円（8％対象8000円）
●消費税額等
▽消費税額（8％）：800円

適格請求書を作成する際には、これらの項目を押さえて記入しましょう。

また、請求書の注意点として複数の取引を1通の請求書にまとめる場合は、請求内容別に記載しましょう。複数の取引をまとめた請求書を作成する際は、各取引の詳細を明確に記載します。

源泉徴収税

源泉所得税とは、給与や報酬などの特定の所得について、支払事業者がその所得を支払う際に所定の所得税や復興特別所得税を徴収し、これを国に納付する制度です。会社、協同組合、学校、官公庁、個人や人格のない社団や財団など、対象となる給与や報酬の支払者が源泉徴収義務者となります。

徴収対象は給与、利子、配当、退職手当、報酬・料金などになります。

支払事業者が、支払金額から所得税額を差し引いて国に納付します。原則として、給与や報酬などを支払った月の翌月10日までに納付しなければならない期限が設けられています。ただし、特例として常時10人未満の源泉徴収義務者には、半年分まとめて納めることができます。

計算方法として報酬・料金などから徴収する源泉所得税額は原則として、報酬・料金額の10・２１％が徴収されます。

8　年末調整

年末調整とは

年末調整は、所得税の金額を正しく調整する手続です。年末調整は、通常10月末から12月上旬にかけて行われます。具体的には、毎月の給与や賞与から差し引かれた源泉徴収税額と、本来納めるべき所得税額の差分を精算します。

所得税は、お給料を含む様々な収入に対してかかる税金であり、1月1日から12月31日までの1年間の「所得」の合計額に対して計算されます。

しかし、会社員やアルバイトの方は毎月の給与から所得税が天引きされています。この天引きされている所得税は、まだ確定していない「概算」の金額であり、実際の所得税の正確な金額は12月31日を過ぎないと計算できません。

年末調整は、正しい所得税の税額を計算し、「概算で給料から天引きしてきた所得税の合計額」が正しい所得税の税額よりも多ければ「還付する」、逆に少なければ「徴収する」手続のことを指します。

年末調整は、10月末から12月上旬くらいに行われ、勤務先で必要な書類を提出することで行います。会社などの給与支払者が代わりに調整をしてくれる日本の年末調整制度は、給与をもらう人にとって便利な仕組みと言えます。

9　法定調書と支払調書

法定調書

法定調書は所得税法や相続税法などの規定により、税務署への提出が義務づけられている書類のことです。提出により、税務署は納税者が正しい申告をしているかを把握できます。主な種類には次のようなものがあります。

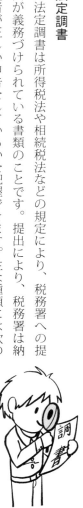

●給与所得の源泉徴収票
従業員の給与に関する書類で、年間の給与等の支払金額が一定額を超える場合に提出されます。
●報酬、料金、契約金及び賞金の支払調書
報酬や料金などの支払いに関する書類で、年中に支払った金額が一定額を超える場合に提出されます。

書類は、支払った年の翌年1月31日までに、法定調書の内容を記載した法定調書合計表とあわせて、所轄税務署へ提出すればよいです。

支払調書

支払調書は法定調書の1つです。支払調書は、法人や個人事業主が経費などで支払うもののうち、法律によって定められたジャンルの支払いについて、支払った相手先の住所や氏名(または法人名)、支払った金額や源泉徴収した金額などを記載して税務署に提出するための書類です。

具体的な支払対象は、次のものになります。

●利子や配当
●報酬や料金、契約金、賞金
●生命保険契約や損害保険契約の保険金、年金
●不動産等の使用料金など

支払調書には区分、細目、支払金額、源泉徴収税額、支払いを受ける者や支払者の住所、氏名を記載します。ただし、同一の者への年間支払金額が5万円以下の場合は提出不要です。

経理担当者は、これらの書類を適切に作成・提出することで、法令を遵守し、税務手続を円滑に進めることができます。

経理業務において、法定調書を作成する際には、税理士に相談することをおすすめします。税理士は税法や会計基準に詳しく、適切な書類作成や申告手続きをサポートしてくれます。特に複雑なケースや法的な問題がある場合は、専門家の意見を仰ぐことでリスクを軽減できます。

10　給与計算

給与計算のルール

給与計算は、総支給額から各種控除を差し引き、従業員に実際に支払う給与額（手取り額）を計算する一連の流れです。

給料支払いの5原則は、労働基準法第24条に基づいて定められた賃金支払いに関する重要なルールです。次に5つの原則を説明します。

①通貨払いの原則

賃金は通貨で支払わなければなりません。実物給与は原則として禁止

されていますが、労働者の同意を得た場合は銀行振込みも可能です。

②直接払いの原則

賃金は直接労働者本人に支払わなければなりません。家族や代理人への支払いは原則として認められません。

③全額払いの原則

賃金はその全額を支払わなければなりません。ただし、所得税や社会保険料など法令で認められた控除や、労使協定で定めた控除は例外として認められます。

④毎月1回以上払いの原則

賃金は毎月少なくとも1回支払わなければなりません。2か月に1回や1か月半に1回の支払いは違法となります。

⑤一定期日払いの原則

賃金は、毎月25日や毎月末日など、一定の期日を定めて支払う必要があります。これにより、労働者は賃金受取日を予測し、計画的な資金管理ができます。

これらの原則は労働者の権利を保護し、安定した生活を保障するために重要です。違反した場合、30万円以下の罰金刑や、割増賃金未払いの場合は6か月以下の懲役または30万円以下の罰金が科される可能性があります。

企業は従業員との信頼関係を維持するためにも、これらの原則を厳守することが求められます。

総支給額の計算

基本的な計算方法は次の式で行えます。

勤務時間＝退勤時刻－出勤時刻－休憩時間

計算の単位は原則として1分単位で計算します。ただし、実務上は15分単位で管理している企業も多いです。15分単位で管理する場合でも、支払いは1分単位で行う必要があります。

注意すべき点として、所定労働時間を超える部分は残業時間として別途計算します。また、午後10時から翌午前5時までの労働は深夜労働として区別して計算します。

また、計算上の出勤、退勤時間は遅刻や早退がある場合は、その時間を労働時間から差し引きます。フレックスタイム制や変形労働時間制など、特殊な勤務形態の場合は、それぞれに適した計算方法を用います。

複雑な労働時間の計算や管理は、勤怠管理システムを導入することで効率化できます。正確な勤務時間の算出は給与計算に直結するため、法令を遵守しつつ、自社の就業規則に基づいて適切に行うことが重要です。

また、労働基準法で定められた労働時間の上限にも注意を払う必要があります。これに違反すると、企業側に罰則が科される可能性があるので、注意が必要です。

割増賃金の計算

割増賃金は、労働者が時間外労働（残業）、休日労働、または深夜労働を行った場合に、使用者が支払わなければならない追加の賃金です。これは労働基準法第37条に基づいて定められています。割増賃金の主な目的は、通常の勤務時間外の特別な労働に対する労働者への補償。そして、使用者に経済的負担を課すことによる時間外労働の抑制です。

割増賃金の計算方法は次の通りです。

割増賃金＝1時間あたりの基礎賃金×対象の労働時間数×各種割増率

ここでの割増率は労働の種類によって異なります。

- ●時間外労働（法定労働時間を超える労働）：25％以上
- ●深夜労働（午後10時から翌午前5時まで）：25％以上
- ●法定休日労働：35％以上
- ●時間外労働が深夜に及んだ場合：50％以上

特に注意すべき点として、２０２４年6月29日現在、大企業だけでなく中小企業においても、月60時間を超える時間外労働に対しては50％以上の割増率が適用されます。割増賃金は労働者の権利であり、使用者の義務です。

就業規則で「割増賃金を支払わない」と定めていても、それは違法となります。割増賃金が支払われない場合、使用者は6か月以下の懲役または30万円以下の罰金に処せられる可能性があります。

また、労働者は未払いの割増賃金について、2年さかのぼって請求することができます。

控除額の種類と計算

給与における主な控除の種類は次のとおりです。

●社会保険料控除
健康保険料、厚生年金保険料、雇用保険料、介護保険料（40歳以上）

●税金関連の控除
所得税、住民税

●給与所得控除
給与収入に応じて一定額が控除されます。これは必要経費相当額として認められる控除です。次の内容が含まれます。

●基礎控除配偶者控除
●配偶者特別控除
●扶養控除
●障害者控除
●寡婦控除
●ひとり親控除
●勤労学生控除
●医療費控除
●社会保険料控除
●生命保険料控除

●寄付金控除　●地震保険料控除
●特定支出控除
通勤費、転居費、研修費、資格取得費などの特定の支出が給与所得控除額の1／2を超える場合に適用される控除です。

これらの控除は、個人の状況や収入に応じて適用され、課税所得を減少させる役割を果たします。適切な控除を受けることで、納税額を適正に調整することができます。

差引総支給額の計算（手取り額）

給与計算を始める前に、賃金支払いの5原則や社会保険の要件、従業員情報の管理などに注意しましょう。労務や情報漏えい、税務のリスクを避けるために正確な知識を持つことが重要です。

給与計算は社労士にお願いするのが便利です。ここでの社労士に給与計算を依頼するメリットは、次の通りです。

●時間と労力の節約
給与計算は複雑で時間のかかる作業ですが、社労士に依頼することで企業側の負担を大幅に軽減できます。これにより、本業に集中することが可能になります。
●法改正への迅速な対応
社労士は最新の法令に精通しているため、法改正があった場合でもスムーズに対応できます。これにより、企業は常に最新の法令に準拠した給与計算を行うことができます。

●コスト削減

社内で給与計算を行う場合に比べ、人材採用や育成にかかるコストを抑えられる可能性があります。また、専門家に任せることで計算ミスによる損失を防ぐこともできます。

●情報漏洩リスクの低減

適切なセキュリティー対策を講じている社労士に依頼することで、個人情報の漏洩リスクを低減できます。

●専門知識の活用

社労士は社会保険や労働保険に関する専門知識を持っているため、給与計算に付随する各種手続きも一括して依頼できます。

●正確性の向上

社労士は労務管理の専門家であるため、法令に基づいた正確な給与計算が期待できます。

●労務トラブル防止

残業代の未払い、社会保険の適用ミスなど、労務関連のトラブルを未然に防ぐことができます。適切な管理を行うことで、労基署からの指摘や従業員とのトラブルのリスクを軽減できます。

これらのメリットにより、企業は給与計算業務の効率化と品質向上を図ることができます。ただし、外部委託にはデメリットもあるため、自社のニーズに合わせて慎重に検討することが重要です。

11　社会保険

社会保険料にかかわる社会保険とは、主に次の５つの保険制度を指します。

●健康保険（医療保険）
●厚生年金保険
●介護保険
●雇用保険
●労災保険（労働者災害補償保険）

これらの保険は、従業員の生活を保障するために設けられた公的な保険制度です。

これらの保険料の負担割合は、保険の種類によって異なります。健康保険、厚生年金保険、介護保険は会社と従業員で折半、雇用保険は会社と従業員の双方が負担（ただし会社の負担割合が大きい）、労災保険は全額会社負担となっています。

算定基礎届

算定基礎届は、社会保険料を適正に算出するために毎年提出が必要な重要な書類です。従業員の標準報酬月額を見直し、社会保険料額を適正に算出するためのものです。提出時期は毎年7月1日から7月10日までに提出です。提出先は日本年金機構の事務センターまたは管轄の年金事務所です。記載内容としては主に4月から6月までの3か月間の従業員の報酬額を記載します。7月1日時点で雇用しているすべての被保険者が対象となります。

次は算出方法です。4月・5月・6月の3か月間（各月とも賃金支払基礎日数17日以上）に受けた報酬の総額を、その期間の総月数で割った額を報酬月額として標準報酬月額を決定します。郵送、管轄の年金事務所への持参、電子媒体で申請申し込みができます。この届出により、従業員の健康保険料・厚生年金保険料・介護保険料の社会保険料額が決定されます。

算定基礎届の適切な提出は、従業員の社会保険料を正確に算出し、適切な保険給付を受けるために非常に重要です。事業主は毎年の提出を忘れずに行う必要があります。

労働保険申告書

労働保険申告書は、事業主が毎年度行う労働保険の年度更新手続において提出する重要な書類です。前年度の確定保険料の申告と新年度の概算保険料の申告・納付を行います。

種類としては「継続事業用」「一括有期事業用」「雇用保険用」の3種類があります。

記入内容は次の通りです。

●前年度の確定保険料

●新年度の概算保険料
●一般拠出金
●労働者数
●賃金総額など

申告書３枚綴りの１枚目「提出用」を提出します。必要に応じて添付書類も提出します。納付書（領収済通知書）を添えて金融機関で納付するか、電子納付を利用して納付を行います。次のような方法で提出することができます。

●管轄の都道府県労働局
●労働基準監督署
●社会保険・労働保険徴収センターの窓口へ持参
●郵送

e-Govやマイナポータルを通じて電子申請が可能です。ただし、記入ミスの場合は、訂正後の数字・文字がわかるように書き直します（訂正印不要）。加えて、確定保険料と概算保険料の差額の処理方法に注意が必要です。

労働保険申告書の適切な作成と提出は、事業主の重要な義務です。詳細な記入方法や電子申請の手順については、厚生労働省のホームページや関連資料を参照することをおすすめします。

社会保険料は従業員の生活を支える公的制度の一部であり、適正な管理が求められます。不備があると企業の信用低下や従業員の不利益につながるため、正確な計算・納付が重要です。特に、社会保険の加入漏れや未払いが発覚すると、遡及適用や追加納付が発生し、企業にとって大きな負担となる可能性があります。

また、社会保険料は給与体系の影響を受けるため、固定給と歩合給の割合、手当の取り扱いなどを考慮する必要があります。また、残業代や賞与が一定額を超えると社会保険料が増加するため、企業は給与設計を慎重に行うことが求められます。

もしも社会保険料未払いが発覚すると、追徴課税や遡及請求のリスクがあり、キャッシュフローを圧迫します。特に、外注・業務委託契約の実態が雇用と判断されると、社会保険の加入義務が発生するため注意が必要です。労働基準監督署や年金事務所の調査が強化されているため、契約形態の適正管理が欠かせません。

社会保険料負担を最適化するため、短時間制社員制度の導入や確定拠出金（ＤＣ）の活用が有効です。短時間制社員制度を導入することで、フルタイム雇用よりも保険料負担を抑えつつ、従業員の安定的な雇用を確保できます。また、企業型確定拠出年金（ＤＣ）を導入することで、直接的な給与増加ではなく、従業員の将来の資産形成を支援しながら社会保険料の負担を軽減できます。

最新の制度変更に対応しながら、適正な社会保険の運用を行うことが、企業の成長と従業員の安心につながるため、継続的な見直しが必要です。

第4章　決算書づくりと納税について

1 年に一度の大仕事、決算書の作成から申告納税まで

決算書の作成から申告納税までの主な流れ

決算書の作成から申告納税までの主な流れは次の通りです。

①帳簿の整理と決算整理

まず、1年間の取引を正確に記録した帳簿を整理します。

次に、決算整理仕訳を行い、収益と費用を適切に期間配分します。決算整理仕訳とは、決算時に経理的な処理を行うことを指します。具体的には次のような手順で行います。

(1)決算整理前残高試算表を作成する。
(2)借方と貸方の合計が一致するかどうか確認する。
(3)決算整理仕訳を行う。

決算整理仕訳の主な目的は、期末時点での正確な損益計算と財政状態の把握です。たとえば、売上原価の計算、貸倒引当金の計算、減価償却費の計算などを行います。

決算整理仕訳を行う際は、ミスがないようダブルチェックを行い、期中仕訳を念入りに確認する

ことが重要です。また、前期の決算整理仕訳の結果と比較して、処理漏れや数字の違和感がないかも確認しましょう。

会計ソフトを活用することで、決算整理仕訳の効率化が図れます。仕訳の自動化や請求データの電子管理などにより、手計算や手入力を減らすことができ、スピーディーで正確性の高い会計処理が可能になります。

②決算書類の作成

貸借対照表（BalanceSheet）は、決算書の1つで、ある時点における企業の財政状態を表す財務諸表です。

貸借対照表は、資産の部と負債・純資産の部から構成されます。

- 資産の部：企業が所有する財産を表します。
- 負債の部：企業が支払う義務を表します。
- 純資産の部：株主や所有者の持分を表します。

貸借対照表は一定時点の財政状態を表す静態的な財務諸表です。資産の部と負債・純資産の部の合計額は常に一致します（資産＝負債＋純資産）。流動性の高い順に資産を、期限の近い順に負債を並べます。

前期末と当期末の数値を比較することで、財政状態の変化を把握できます。他の財務諸表（損益計算書、株主資本等変動計算書など）と関連づけて分析します。

貸借対照表の作成手順

⑴決算整理仕訳を行い、正確な期末残高を算出する。
⑵資産、負債、純資産の各勘定科目を適切に分類する。
⑶各勘定科目の金額を集計し、貸借対照表の書式に記入する。
⑷資産の部と負債・純資産の部の合計が一致することを確認する。

以上のように、貸借対照表は企業の財政状態を表す重要な財務諸表です。貸借対照表を正確に作成し、他の財務諸表と関連付けて分析することによって、企業の経営状況を把握することができます。

③損益計算書（P／L）

損益計算書（ProfitandLossStatement、P／L）は、企業の一定期間の経営成績を示す財務諸表の1つです。損益計算書の構成は、収益の部と費用の部から構成されます。収益から費用を差し引いた額が当期純利益となります。収益の部は、売上高・営業収益・営業外収益。費用の部は、売上原価・販売費及び一般管理費・営業外費用・特別損失などが含まれています。

損益計算書の主な特徴としては、次の通りです。

(1)一定期間（通常1年間）の経営成績を表す動態的な財務諸表です。

(2)収益と費用を対応させ、その差額として利益を算出します。

(3)売上総利益、営業利益、経常利益、税引前当期純利益、当期純利益の5つの利益が計算されます。

(4)前期と比較することで、経営成績の変化を把握できます。

(5)他の財務諸表（貸借対照表、キャッシュ・フロー計算書など）と関連付けて分析します。

損益計算書の作成手順

(1)売上高、売上原価、販売費及び一般管理費などの金額を集計する。

(2)営業利益、経常利益、税引前当期純利益を計算する。

(3)法人税等を差し引いて当期純利益を算出する。

(4)損益計算書の書式に金額を記入する。

以上のように、損益計算書は企業の収益性や成長性を示す重要な財務諸表です。正確に作成し、他の財務諸表と関連付けて分析することで、企業の経営状況を把握することができます。

④株主資本等変動計算書（S／S）

株主資本等変動計算書は、決算書の1つで、企業の純資産の変動を示す書類です。株主資本等変動計算書は、貸借対照表の純資産の部の一会計期間における変動額のうち、主として、株主に帰属する部分である株主資本の各項目の変動事由を報告するために作成されます。この書類は、決算書の1つで、企業の純資産の変動を項目ごとに記載します。

主としては次の内容が含まれます。

株主資本の変動の様子を一覧にし、株主資本が増加もしくは減少した原因や、株主資本を振り分けた項目を示します。主な変動項目としては、新株の発行や剰余金の配当、利益準備金の積立、自己株式の処分、当期純利益（損失）などがあります。

作成手順

- 前期末残高を基に、当期の変動額を計算し、当期末残高を算出します。
- 当期首残高、当期変動額合計、当期末残高の3行を中心に、各項目の金額を記載します。

注意点

- 株主資本等変動計算書は、すべての企業に作成が義務づけられています。
- 記載項目が多く一見複雑に見えるが、日々の帳簿付けをしっかり行い、正確に作成することが重要です。

個別注記表

個別注記表は、決算書類の1つで、貸借対照表や損益計算書などの財務諸表に補足的な情報を記載する書類です。財務諸表の内容をより詳細に説明し、企業の財政状態や経営成績をより正確に理解するためのものです。

記載内容としては、会計方針の変更、重要な後発事象、関連当事者との取引、税効果会計、退職給付会計、金融商品会計、リース取引、資産除去債務会計、1株当たり情報、重要な後発事象等があり、財務諸表の補足説明に必要な事項を記載します。

個別注記表は、企業の財政状態や経営成績をより正確に理解するために重要な書類です。投資家や金融機関などのステークホルダーにとっても重要な情報源となります。法人税法上、決算書類の一部として提出が義務づけられています。

作成方法

- 財務諸表の数値や内容を詳しく説明する形で作成します。
- 会計基準に基づいて必要な事項を記載する必要があります。

以上のように、個別注記表は決算書類の1つとして、企業の財務情報をより詳細に説明する重要な書類です。正確な作成が求められます。

2　税額の計算

3つの税金

決算書における税額は、主に次の3つの税金が計上されます。

①法人税

②地方税（法人住民税、法人事業税）

③消費税

法人税

法人税は、法人の企業活動で得た所得に対して課せられる国税です。法人税の税率は法人の種類や資本金の額などによって異なります。ただし、適用除外事業者には異なる税率が適用される場合があります。

【資本金1億円以下の中小法人の場合】

年間所得800万円次の部分：15％

年間所得800万円超の部分：23・2％

【資本金１億円超の大法人の場合】

　一律23・２％

　法人は事業年度終了後、原則として２か月以内に確定申告書を提出し、法人税を納付する必要があります。

　法人税額は次のような計算式で計算することができます。課税所得は、収益から費用を差し引いた金額に税務上の調整を加えて算出します。

法人税額＝課税所得×税率－税額控除額

　法人税以外にも、法人事業税や法人住民税などの地方税も課せられます。公益法人等や協同組合等には、異なる税率が適用される場合があります。また、グループ通算制度を適用している法人には、特別な規定があります。

　法人税は企業の財務に大きな影響を与えるため、正確な理解と適切な税務処理が重要です。

地方税
　地方税は、地方公共団体が課税・徴収する税金です。地方税は大きく分けて、事業税と住民税に分類されます。

法人事業税

法人事業税は、法人が行う事業そのものに課される都道府県税です。法人の事業活動に対して地方団体が提供する行政サービスの経費を分担する考えに基づいています。資本金の規模によって課税方法が異なります。付加価値割、資本割、所得割、収入割などの種類があります。

法人住民税

法人住民税は、地域社会の構成員である法人に広く負担を求める税金で、都道府県と市町村の両方に納付します。均等割と法人税割の2種類があります。均等割は資本金等の額と従業者数に応じて定額が課されます。法人税割は法人税額に応じて課されます。

地方税の納税義務者は、その地方公共団体内に、事務所や事業所がある法人や寮や宿泊所のみがある法人（一部の税金のみ）などが該当します。

地方税の計算方法は税金の種類によって異なりますが、たとえば法人事業税の場合、次のような基本的な計算式になります。

所得×法人事業税率＝法人事業税額

地方税は企業の財務に大きな影響を与えるため、正確な理解と適切な税務処理が重要です。

消費税

消費税は、商品やサービスの取引に対して課税される間接税です。法人は消費税の納税義務者となり、売上にかかる消費税から仕入にかかる消費税を差し引いた額を納付します。

法人の国内における取引は、商品の販売、サービスの提供、サービスの事務手数料、仕入額が消費税の課税対象となります。ただし、非課税取引、不課税取引、免税取引に該当する場合は消費税がかかりません。

法人が納付する消費税の基本的な計算式は次の通りです。

納付する消費税＝売上にかかる消費税－仕入にかかる消費税（仕入税額控除）

たとえば、税込1100円（本体価格1000円＋消費税100円）で仕入れた商品を、税込2200円（本体価格2000円＋消費税200円）で販売した場合、納付する消費税＝200円－100円＝100円となります。

また、2023年10月1日からインボイス制度（適格請求書等保存方式）が開始されました。これにより、免税の条件が変更、請求書の発行方法に変更、消費税の計算方法に影響などの変更点があります。

注意点もいくつかあります。消費税は売上や仕入の取引ごとに発生するため、日々の会計処理が重要です。消費税の申告・納付は原則として年1回ですが、直前の課税期間の確定消費税額によっては中間申告・納付が必要な場合があります。

課税事業者か免税事業者かの判定は、原則として前々年または前年の課税売上高によって決まります。

3　申告書の作成

法人税申告書

法人税申告書は、法人が毎年度、法人税の申告を行う際に提出する重要な書類です。法人の所得に対して課される法人税の申告と納付を行うためのものです。事業年度終了後２か月以内に所轄の税務署に提出します。

申告書の主な記載内容

・法人の事業概況
・収益の明細
・費用の明細
・所得の計算
・税額の計算

・納付すべき税額

申告書の添付書類

・貸借対照表
・損益計算書
・株主資本等変動計算書
・個別注記表
・勘定科目内訳明細書など

現在は電子申告としてe-Taxを利用して電子申告することができます。

法人税の適正な申告と納付は法人の義務であり、正確に作成する必要があります。申告内容は税務調査の対象となるため、証憑書類の保管など、適切な管理が求められます。

消費税申告書

消費税申告書は、事業者が消費税の申告と納付を行う際に提出する重要な書類で、消費税の申告と納付を行うためのものです。課税期間（年1回または3か月に1回）終了後2か月以内に所轄の税務署に提出します。

主な記載内容

・課税売上高
・仕入に係る消費税額
・課税売上割合
・納付すべき消費税額

添付書類

・課税売上高の内訳書
・仕入に係る消費税額の内訳書
・課税売上割合の計算書など

電子申告としてe-Taxを利用して電子申告することができます。

また、ほかの書類と同様ですが、消費税の適正な申告と納付は事業者の義務であり、正確に作成する必要があります。

さらに、申告内容は税務調査の対象となるため、証憑書類の保管など、適切な管理が求められます。

地方税申告書

地方税申告書は、法人が都道府県や市区町村に対して、法人税に関連する地方税の申告を行う際に提出する書類です。地方税申告書の種類としては次のようなものがあります。

①法人事業税・地方法人特別税申告書

法人事業税・地方法人特別税申告書について、主な特徴と申告方法をまとめます。

申告書の種類

●中間・確定申告書（第６号様式）：通常の法人が使用する基本的な申告書です。

●予定申告書（第６号の３様式）：前事業年度の法人税割額、事業税額、特別法人事業税額を基に中間申告を行う際に使用します。

また、申告書には次のような別表や明細書を添付する場合があります。

・外国法人の法人税割額に関する計算書（第６号様式別表１の２）
・付加価値額及び資本金等の額の計算書（第６号様式別表５）
・基準法人所得割額及び基準法人収入割額に関する計算書（第６号様式別表14）

申告・納付期限としては、次のとおりです。

・確定申告：事業年度終了日の翌日から2か月以内。
・中間申告：事業年度開始日から6か月を経過した日から2か月以内。

電子申告システム（eLTAX）を利用して申告することも可能です。

さらに、注意点として申告書の様式は、事業の種類や法人の規模によって異なる場合があります。また、外形標準課税対象法人、収入金額課税事業を行う法人、特定内国法人などは、追加の別表の提出が必要な場合があります。

そして、２つ以上の都道府県に事務所や事業所がある場合は、分割基準に基づいて課税標準を分割する必要があります。

なお、申告書の記載方法や適用税率については、各都道府県の税務担当部署に確認するといいです。

②法人住民税申告書

法人住民税申告書について、次に主な特徴と種類をまとめます。

申告書の種類

●確定申告書・中間申告書（第20号様式）

仮決算に基づく中間申告、確定した決算に基づく確定申告、およびこれらに係る修正申告に使用します。

●予定申告書（第20号の３様式）

前事業年度または前連結事業年度の法人税割額を基礎にして中間申告をする場合に使用します。

提出期限

●確定申告：事業年度終了日の翌日から２か月以内。
●中間申告：事業年度開始日から６か月を経過した日から２か月以内。
法人の事務所や事業所が所在する市町村の税務担当部署に提出します。

また、申告書には次のような書類を添付する場合があります。
●法人税の申告書の写し
●貸借対照表や損益計算書などの決算書類
●法人税額の更正通知書の写し（更正の請求の場合）
電子申告システム（e-Tax）を利用して申告することも可能です。

また、いくつか注意点もあります。申告書の様式は自治体によって若干異なる場合があるため、所在地の自治体のウェブサイトで確認したほうがよいです。控えが必要な場合は、必要事項を記載した申告書を２通用意するか、返送用の封筒を同封する必要があります。

③事業所税申告書

事業所税申告書について、主な特徴と申告方法をまとめます。

事業所税は、人口30万人以上の都市等において、一定規模以上の事業所等に対して課される地方税です。

申告書の種類

●納付申告書：通常の申告に使用します。
●修正申告書：既に提出した申告内容に誤りがあった場合に使用します。
●更正請求書：納付すべき税額が過大であった場合に使用します。

申告・納付期限

申告・納付期限は、事業年度終了の日から2か月以内です。

申告書の記載事項

申告書には主に次の情報を記載します。

●事業所床面積
●従業者給与総額
●税額計算
●事業所の所在地や名称

申告書には次のような書類を添付する場合があります。

●事業所用家屋の明細書
●従業者給与総額計算書
●法人の場合は決算書の写し

電子申告システムを利用して申告することも可能です。

また、次のような注意点もあります。事業所税は資産割と従業者割の２つの課税標準があります。免税点（課税対象となる基準）は自治体によって異なる場合があります。事業所税の課税対象となる事業所の範囲や税額の計算方法は複雑な面があるため、必要に応じて所在地の自治体の税務担当部署に確認することをおすすめします。

法人事業概況説明書

法人事業概況説明書は、法人税の確定申告時に提出する書類の１つで、法人の事業内容や経営状況などを説明する書類です。法人の事業内容や経営状況を税務署に報告するためのものです。法人税の確定申告と同時期（事業年度終了後２か月以内）に所轄の税務署に提出します。

記載内容

記載内容は次のように法人の概況を記載します。

- 法人の沿革
- 事業の内容
- 主要な製品・サービス
- 主要な販売先・仕入先
- 主要な設備
- 従業員の状況

●重要な事業の変更
●直近の業績
●今後の見通し

添付書類

主な添付書類は次のとおりです。

●貸借対照表
●損益計算書
●株主資本等変動計算書
●個別注記表

電子申告として、e-Taxを利用して電子申告することができます。

法人の事業内容や経営状況を税務署に適切に報告する必要があります。また、申告内容は税務調査の対象となるため、正確に作成する必要があります。

以上のように、法人事業概況説明書は法人税の確定申告時に提出が義務づけられている重要な書類です。会社の概要を正確に記載する必要があります。

勘定科目内訳明細書

勘定科目内訳明細書は、法人税の確定申告時に提出する書類の1つで、決算書の勘定科目の内訳を詳細に説明する書類です。法人税の確定申告と同時期（事業年度終了後2か月以内）に所轄の税務署に提出します。

記載内容

内容としては、内容貸借対照表や損益計算書の勘定科目ごとに、その内訳を詳細に記載します。たとえば、売上高の内訳として製品別や事業別の売上高を記載し、販売費及び一般管理費の内訳として役員報酬、給料手当、減価償却費などを記載します。

添付書類

主な決算書類は、次のとおりです。

- ●貸借対照表
- ●損益計算書
- ●株主資本等変動計算書
- ●個別注記表

電子申告として e-Tax を利用して電子申告することができます。

決算書の内容は詳細に説明することで、申告内容の正確性を示すことができます。そして、税務調査の際に、内訳明細書に基づいて説明を求められることがあります。

この一連のプロセスを通じて、正確な決算と適切な納税を行うことが重要です。会計ソフトを活用すると、多くの作業を効率化できますが、税法や会計基準の理解が必要なため、必要に応じて税理士などの専門家に相談することをおすすめします。

4　決算書の作成

決算書作成の心構え

はじめに、心構えですが、決算書の作成は企業の経理部門の責任です。経理部門は、会計基準に基づいて正確な決算書を作成する必要があります。

決算書の内容は、企業の財政状態や経営成績を示す重要な情報となるため、正確性が求められます。

税理士との付き合い方

税理士の役割として、企業の税務申告手続を代行したり、税務に関する助言を行う専門家です。企業の経理部門と連携して正確な申告書を作成します。加えて税理士は、企業の代表者に対して、申告内容の適正性について説明責任を負っています。

つまり、決算書の作成は経理部門の責任、税務申告は企業代表者の責任ですが、税理士は企業の税務面での専門家として重要な役割を果たします。企業は経理部門と税理士が連携して適切な決算・

申告を行うことが重要です。

法的には税務申告は、企業の代表者（代表取締役など）の責任です。ただし、実際の申告書作成は経理部門や税理士が行うことが一般的です。よって経理部門は、決算書の数値を基に正確な申告書を作成する必要があります。

税理士は、企業の税務申告に関する助言や代行を行う専門家ですが、経理はそれらを確認する必要はあります。

決算書作成前の事前準備

決算書を作成する前に行う主な事前準備は次の通りです。

●帳簿の整理

1年間のすべての取引を正確に記録した帳簿を整理します。仕訳帳、総勘定元帳、補助簿などを整理し、正確な残高を確認します。さらに、誤記や入力漏れがないかをチェックし、必要に応じて修正仕訳を行い、整合性を確保します。

●棚卸資産の確認

期末時点の商品、製品、原材料などの棚卸資産の実地棚卸を行います。棚卸結果と帳簿残高を照合し、差異がないことを確認します。

●債権・債務の確認

売掛金、買掛金などの債権・債務の残高を確認します。取引先への残高照会などを行い、残高を相互に確認します。

●固定資産の確認

土地、建物、機械装置などの固定資産の明細を確認します。取得価額、減価償却累計額、期末帳簿価額などを確認します。

●引当金の確認

貸倒引当金、製品保証引当金、退職給付引当金などの引当金の必要性を検討します。引当金の計上基準に基づき、適切な金額を算定します。

●決算整理事項の洗い出し

未収収益、前払費用、未払費用、前受収益などの決算整理事項を洗い出します。期末時点での未収・未払金額を算定します。

●税務申告の確認

法人税、消費税、地方税などの税務申告に必要な情報を確認します。税務申告書の作成に必要な資料を準備します。

以上のように、決算書作成前には帳簿の整理や資産・負債の確認など、様々な事前準備が必要です。これらの準備を行うことで、正確な決算書の作成が可能になります。

減価償却費の計算の仕方

減価償却の目的とは、固定資産の取得価額を、その耐用年数にわたって費用配分すること、固定資産の使用により生じる収益と費用を対応させることです。

主な減価償却方法には次のような方法があります。

①定額法

定額法は、固定資産の取得価額から残存価額を控除した金額を、耐用年数で除して毎期均等に償却する方法です。毎期の減価償却費が一定となるため、シンプルでわかりやすい特徴があります。

定額法の基本的な計算式は次の通りです

年間の減価償却費＝（取得価額－残存価額）÷耐用年数

主な特徴

特徴は次の４点があります。

- ●費用の平準化が図れるため、収益と費用の対応が安定します。
- ●一度計算すれば、毎期同じ金額を計上できるため、事務処理が容易です。
- ●建物など、長期間使用する資産の減価償却に適しています。

●毎期の収益が安定している業種では、定額法が適していることが多いです。ここで注意点も確認して起きましょう。

●定額法の適用が法人税法上、建物、建物附属設備、構築物については強制されています。

●重要な減価償却資産の減価償却の方法として、注記事項に記載する必要があります。

●会計上は残存価額をゼロとすることも可能ですが、税務上は取得価額の10％を残存価額とする必要があります（ただし、平成19年4月1日以後に取得した減価償却資産については、残存価額1円まで償却可能）。

定額法は、その簡便性から多くの企業で採用されていますが、資産の使用状況や収益との対応関係を考慮して、適切な償却方法を選択することが重要です。

②定率法

定率法は、固定資産の期首帳簿価額に一定の償却率を乗じて各期の減価償却費を算出する方法です。償却額が逓減していくため、使用初期の償却費が大きくなる特徴があります。

定率法の基本的な計算式は次の通りです。

年間の減価償却費＝期首帳簿価額×償却率

主な特徴

次のような特徴を持っています。

●資産の価値が使用初期に急激に低下する場合に適しています。

●年数が経過するにつれて償却費が減少していきます。

●パソコンなど、陳腐化の早い資産の減価償却に適しています。

●初期の高い償却費が、将来の設備投資に備えた内部留保の役割を果たします。

注意点

利用するに当たって注意点も確認しましょう。

●法定償却率は国税庁が定めており、資産の種類や取得時期によって異なります。

●償却限度額は取得した日に応じて償却の仕方が変わります。

◆平成19年３月31日以前に取得した資産は、取得価額の95％まで償却可能です。

◆平成19年４月１日以後に取得した資産は、１円（備忘価額）まで償却可能です。

●償却方法の変更について、定率法から定額法への変更は可能ですが、逆は原則として認められません。

●会計方針は重要な減価償却資産の減価償却の方法として、注記事項に記載する必要があります。定率法は、資産の使用状況や収益との対応関係を考慮して選択することが重要です。特に、技術革新の早い業界や、使用初期の価値低下が大きい資産を多く保有する企業にとっては有効な方法となる可能性があります。

③生産高比例法

生産高比例法は減価償却の1つの方法で、固定資産の使用度合いや生産高に比例して減価償却費を計上する方法です。車両、航空機、工業用機械など、使用に比例して減価すると考えられる資産に適していますが、法人税法では、鉱業用資産と鉱業権に限り認められています。

年間の減価償却費＝取得原価×（当期の実際生産高÷見積総生産高）

主な特徴

- 資産の実際の使用状況に応じて償却費を計上できる。
- 生産量や稼働時間が変動する資産に適している。
- 毎期の償却額が変動するため、収益と費用の対応が図りやすい。

注意点

- 見積総生産高の算定が難しい場合がある。

●生産高が予想を下回った場合、耐用年数内に償却が終わらない可能性がある。
●企業会計上は固定資産の利用状況に応じた方法を選択できますが、税務上は法定の方法に従う必要があります。

生産高比例法は、資産の実際の使用状況を反映できる点が特徴ですが、適用できる資産が限られているため、使用には注意が必要です。

以上が会計基準に基づく減価償却の基本的な考え方です。企業は会計基準に従い、適切な償却方法と耐用年数を選択し、減価償却費を計上する必要があります。

5　固定資産台帳の作成法

固定資産台帳の役割

企業が作成する固定資産台帳は企業の会計上の固定資産の管理を目的として作成される内部管理用の台帳です。固定資産の取得、減価償却、除却などの管理を詳細に行うためのものです。

固定資産の取得価額、減価償却累計額、期末帳簿価額など、会計上の詳細な情報が記載されます。固定資産の種類、所在地、管理番号な

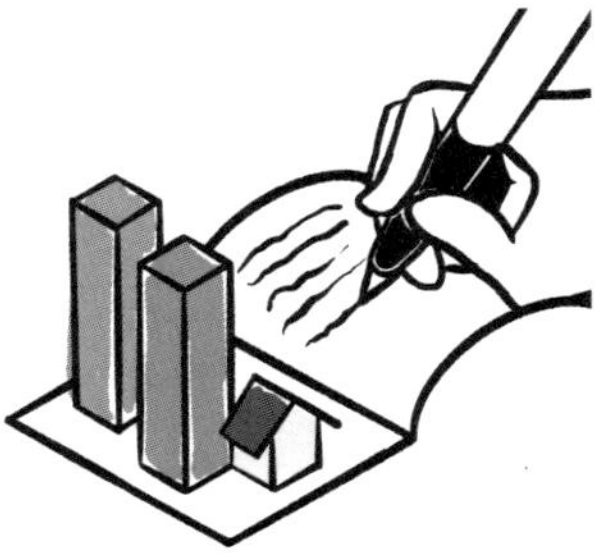

どの基本情報も記載されます。最近では、会計システムの一部として管理されることが多いです。毎期、固定資産の増減や減価償却の計算を行い、台帳を更新します。

活用方法としては、固定資産の管理や減価償却費の計算に活用されたり、税務申告や財務諸表作成の基礎データとしても活用されたりします。

固定資産台帳は企業の重要な内部管理資料であり、適切に保管・管理する必要があります。特に、税務調査などの際に提示を求められることがあります。

以上のように、企業の固定資産台帳は会計上の固定資産管理に重要な役割を果たしています。適切に作成・管理することで、固定資産の状況を把握し、効率的な経営に役立てることができます。

6　決算書の読み方

決算書の分析ポイント

経営分析指針は、企業の経営状況を適切に把握・分析するための指針です。財務諸表を中心に、企業の収益性、安全性、成長性などを分析します。決算書の分析ポイントをそれぞれの特性に合わせて紹介します。

収益性分析

売上高、売上総利益率、営業利益率、経常利益率、当期純利益率などを分析します。

①売上高

売上高とは、企業が商品やサービスを提供することで1年間に得た収入の総額のことを指します。売上高は次の方法で計算されます。

売上高＝提供する商品やサービスの単価×販売数量

たとえば、1つ1000円の商品を10万個販売した場合、売上高は1000円×10万個＝1億円となります。ただし、値引きや返品があった場合はその金額を差し引きます。

注意点として、売上高と利益は違います。売上高は企業の収入の総額ですが、利益は売上高から各種費用を差し引いたものです。

売上高は損益計算書の最上部に記載される表示科目ですが、利益にはいくつかの種類（売上総利益、営業利益、経常利益、当期純利益など）があります。

売上高が多ければ企業の収入が多いことを意味し、売上高を伸ばすことが利益を増やすための重要な要素となります。企業は新商品の販売や広告宣伝、ブランディングなどで売上高を増やすよう努力しています。

②売上総利益率

売上総利益率は、企業の収益性を示す重要な指標の1つです。売上高に対する売上総利益の割合を示す指標です。

売上総利益＝売上高・売上原価
売上総利益率＝売上総利益÷売上高×100

売上総利益率は売上高に対する粗利益の割合を示します。売上総利益率が高いほど、売上に対する利益の割合が大きいことを意味します。売上総利益率は、企業の価格設定力や原価管理力を示す指標の1つです。

売上総利益率の推移を分析することで、企業の収益性の変化を把握できます。また、同業他社や過去の自社との比較を行うことで、相対的な収益性を分析できます。売上総利益率が低い場合は、売価の見直しや原価低減の余地があるかもしれません。

売上総利益率の留意点として、売上原価の計上方法によって変動する可能性があります。先ほど挙げた企業間比較を行う際は、会計処理の違いに注意が必要です。売上総利益率は、営業利益率などの指標と組み合わせて分析することが重要です。

以上のように、売上総利益率は企業の収益性を示す基本的な指標です。企業は売上総利益率の推移を分析し、収益性の改善に役立てることができます。

③営業利益率

営業利益率とは、売上高に対する営業利益の割合を表す指標です。本業での収益力を示し、企業の収益性を分析する際に重要な財務指標の１つです。

営業利益率は次の式で計算します。

営業利益率（％）＝営業利益÷売上高×１００

ここで、営業利益とは売上総利益から販売費及び一般管理費を差し引いた利益のことです。

営業利益率を高める方法としては、次のとおりです。

●販売量を増やす。
●売上原価を削減する。
●販売費及び一般管理費を削減する。

業種によって営業利益率の平均値は異なります。同業他社と比較するのが１つの方法ですが、自社に合った目標値を設定することが重要です。営業利益率は本業での収益力を示す指標であり、この数値が高いほど企業の事業が順調であると言えます。一方で低い場合は、何らかの課題があると考えられるため、改善に取り組むきっかけにもなります。

④経常利益率

経常利益率とは、売上高に対する経常利益の割合を表す指標です。経常利益には本業での利益だけでなく、金融収支などの営業外損益も含まれます。経常利益率は次の式で計算します。

経常利益率（％）＝経常利益÷売上高×１００

ここで、経常利益とは営業利益に営業外収益を加え、営業外費用を差し引いた利益のことです。経常利益率の平均値は一般的に４％程度と言われており、10％以上なら優良企業と判断できます。ただし、業種によって平均値が異なるため、同業他社との比較が重要です。

経常利益率は本業での収益力に加え、金融収支なども含めた企業の総合的な収益力を示す指標です。この数値が高いほど、企業の事業が順調であると言えます。一方で低い場合は何らかの課題があると考えられるため、改善に取り組むきっかけにもなります。

⑤当期純利益率

当期純利益率とは、売上高に対する当期純利益の割合を表す指標です。企業の最終的な収益性を示す重要な財務指標の1つです。当期純利益率は次の式で計算します。

当期純利益率（％）＝当期純利益÷売上高×１００

ここで、当期純利益とは税引前当期純利益から法人税等を差し引いた利益のことです。当期純利益率の平均値は業種によって異なりますが、一般的に５％前後が目安とされています。10％以上あれば高い水準と言えます。

当期純利益率は企業の最終的な収益性を示す指標です。この数値が高いほど、企業の事業が順調であり、株主への還元も期待できます。一方で低い場合は、何らかの課題があると考えられるため、改善に取り組むきっかけにもなります。

安全性分析

流動比率、自己資本比率、固定長期適合率などを分析します。それぞれの意味について紹介します。

①流動比率

流動比率は、企業の短期的な支払能力を示す指標です。流動資産を流動負債で割って算出し、１００％以上であれば短期的な支払能力が高いと判断されます。計算方法は次の通りです。

流動比率＝流動資産÷流動負債×１００

流動資産には現金、預金、売掛金、棚卸資産などが含まれ、流動負債には1年以内に返済する借入金や買掛金などが含まれます。流動比率の適正水準は次のとおりなっています。

・150%以上：優良水準
・120～149%：安全水準
・100～119%：改善の余地あり
・99%以下：危険水準

流動比率が100%を下回ると、短期的な支払能力に不安があると考えられます。ただし、流動資産の内容を確認することも重要で、不良債権や不良在庫があると実際の支払能力は低くなる可能性があります。

流動比率は企業の短期的な財務健全性を示す指標ですが、当座比率などの他の指標と組み合わせて分析することで、より正確な企業の支払能力を把握できます。

②自己資本比率

自己資本比率は、企業の財務健全性を示す重要な指標です。総資本のうち自己資本がどれくらい占めるかを示す指数です。自己資本比率は次の計算式で求められます。

> 自己資本比率＝自己資本÷総資本×100（%）

自己資本比率が高いほど、企業の安全性や独立性が高いと評価されます。一般的に次の目安とされています。

・20％以上：安全水準
・40％以上：健全水準
・50％以上：優良水準

業種別の自己資本比率の平均は次の通りです。

製造業：44・６５％
情報通信業：54・２５％
卸売業：41・０３％
小売業：30・９９％
飲食サービス業、宿泊業：15・21％

自己資本比率が低い場合は、他人資本への依存度が高く、返済や金利の負担が大きくなる可能性があります。特に10％次の場合は注意が必要です。

自己資本比率は企業の安全性を示す指標ですが、自己資本利益率（ＲＯＥ）などの他の指標と組み合わせて分析することで、より正確な企業の収益性や効率性を把握できます。

③固定長期適合率

固定長期適合率は、企業の財務の安全性を分析する指標です。固定資産を自己資本と固定負債の合計で割った数値で、パーセントで表記されます。値が低いほど安全性が高いと評価されます。固定長期適合率の計算式は次の通りです。

固定長期適合率（%）＝固定資産÷（自己資本＋固定負債）×100

固定長期適合率は100%以下であるときに健全です。100%を超える場合、短期借入金などで固定資産を購入していることになり、資金繰りを圧迫する懸念があります。

一方、固定長期適合率が100%を上回る会社は、短期資金と長期資金の集め方と使い方に問題があるということになります。

足りない分は短期借入金が使われていることになりますが、短期借入金はすぐに返済期日がやってきますから、また新たに借り入れをしなければなりません。

したがって、安定した経営を行うためには、少なくとも固定長期適合率は100%次に抑える必要があります。

固定長期適合率と同じように、長期的な視点から安全性を判断する指標として「固定比率」もあります。固定比率は固定資産と自己資本の割合を示し、固定長期適合率との違いは固定負債を計算に用いるか・用いないかという点です。

成長性分析

売上高増減率、総資産増減率、自己資本増減率などを分析します。

①売上高増減率

売上高増減率は、企業の売上高が前期と比較してどの程度増加あるいは減少したかを示す指標です。次はその計算式です。

売上高増減率（％）＝（当期の売上高・前期の売上高）÷前期の売上高×１００

解釈の要点としては次のようになります。

●成長性の分析

売上高増減率は、企業の成長性を評価するための重要な指標です。増加率が高いほど、企業の成長が速いと評価されます。

●市場の動向

売上高増減率が低下している場合、自社の属する市場が需要の減退期にあるか、競争力が低下している可能性があります。

●競争力の評価

売上高増減率を業界や過去の平均値と比較することで、自社の競争力を評価することができます。

●財務内容の変化

売上高が増加していたとしても、売上総利益率が低下している場合、財務内容に問題があると判断されることがあります。

目安としては、大企業：5～10％、中小企業：10％以上です。比較する際の注意点ですが、比較対象の期間を揃える必要があります。また、売上高増減率を単独で評価するのではなく、他の財務指標と併せて分析することが重要です。

②総資産増減率

総資産増減率とは、企業の総資産が前期と比べてどれだけ増減したかを示す指標です。計算式は次の通りです。

総資産増減率（％）＝（当期総資産・前期総資産）÷前期総資産×100

この指標は企業の成長性を表す重要な指標の1つです。総資産が増加していれば、企業規模が拡大していると判断できます。一方で減少している場合は、企業規模が縮小している可能性があります。

ただし、総資産増減率が増加している場合でも、増加している理由に着目することが大切です。たとえば、売掛金や棚卸資産が増加していても売上高がそれほど増加していない場合は、その原因を追究する必要があります。

また、総資産増減率は借入金の増加などによっても高くなる可能性があるため、他の指標とバランスよく見ることが重要です。全業種の総資産成長率の中央値（目安）は5・2％です。企業の成長性を評価する際は、過去数年間のトレンドを見ることが望ましいでしょう。

③自己資本増減率

自己資本増減率とは、企業の自己資本が前期と比べてどれだけ増減したかを示す指標です。計算式は次の通りです。

自己資本増減率（％）＝（当期自己資本・前期自己資本）÷前期自己資本×１００

自己資本は株主資本と利益剰余金などから構成されており、返済の必要がない資本です。自己資本増減率は企業の内部留保の蓄積状況を表す指標の1つです。

自己資本増減率が高いほど、企業の財務的安全性が高いと評価されます。一方で、自己資本増減率がマイナスの場合は債務超過の可能性があり、倒産リスクが高まります。

ただし、自己資本増減率は業種によって大きく異なります。製造業や情報通信業などでは50％前後の企業が多いのに対し、飲食サービス業や物品賃貸業などでは10％台の企業が多い傾向にあります。

自己資本増減率を評価する際は、同業他社との比較や過去からの推移を確認することが重要です。自己資本の増加ペースが売上高の増加ペースを下回っていないかなど、他の指標とのバランスも考慮する必要があります。

生産性分析

総資産回転率、棚卸資産回転率、売上債権回転率などを分析します。

①総資産回転率

総資産回転率は、企業の総資産がどれだけ効率的に売上高を生み出したかを表す指標です。計算式は次の通りです。

総資産回転率＝売上高÷総資産

単位は「回転」で、数値が大きいほど資産が効率的に活用されていることを示します。業種別の総資産回転率の目安は次の通りです。

- 建設業：1・32回
- 製造業：1・03回
- 卸売業：1・70回
- 小売業：1・71回
- 不動産業：0・31回

総資産回転率が低い場合の対応策としては、売上高を上げるための営業活動の見直しや滞留在庫や遊休資産の処分による総資産の圧縮などが考えられます。

また、総資産回転率と似た指標に総資産回転期間（総資産÷（売上高÷365））があり、こちらは総資産が売上高の何日分あるかを示します。

②棚卸資産回転率

棚卸資産回転率は、企業の棚卸資産の運用効率を表す指標です。計算式は次の通りです。

棚卸資産回転率＝売上原価÷棚卸資産

この指標が高いほど、企業が棚卸資産を効率的に活用していることを示します。業界平均の棚卸資産回転率は次の通りです。

- 建設業：9・5回転
- 製造業：7・4回転
- 卸売業：12・9回転
- 小売業：11・5回転
- 不動産業：2・3回転

棚卸資産回転率が低い場合は、在庫の増加や販売までの期間の長期化が背景にあると考えられます。対策としては、売上高の増加や在庫の圧縮などが考えられます。また、棚卸資産回転期間（棚卸資産÷（売上原価÷365））も関連する指標で、棚卸資産が何日分あるかを示します。

③売上債権回転率

売上債権回転率とは、売上高と売上債権の比率を示す指標で、売上債権がどの程度効率的に回収されているかを示します。計算式は、売上高を売上債権で割ることで算出されます。

売上債権回転率＝売上高÷売上債権

売上債権回転率が高いほど、売上債権が短い期間で回収されることを示します。低い場合、売上債権の回収が遅れていることを示し、資金繰りの問題が生じる可能性があります。

業種別の目安

・建設業：9・07回
・製造業：5・75回
・情報通信業：6・75回
・運輸業・郵便業：7・85回
・卸売業：6・56回
・小売業：14・44回
・不動産業、物品賃貸業：10・77回
・学術研究、専門、技術サービス業：9・55回

・宿泊業、飲食サービス業：47・５２回
・生活関連：34・９３回。

改善方法としては、クレジットポリシーの見直し、回収作業の強化、債権管理システムの導入が挙げられます。

関連指標した指標として売上債権回転期間があります。売上債権を回収するまでの期間を示す指標です。計算式は、売上債権を売上高で割ることで算出されます。

売上債権回転期間＝売上債権÷売上高

期間で除したものもあり、

売上債権回転日数＝売上債権÷（売上高÷３６５日）

売上債権回転月数＝売上債権÷（売上高÷12か月）

売上債権回転期間が短いほど、資金繰りが良好であると判断されます。

7　キャッシュ・フロー分析

営業活動、投資活動、経営状況の3つのセレクションから成る

キャッシュ・フロー分析は、企業の資金の流れを把握し、経営状況を分析する重要な手法です。

キャッシュ・フロー計算書は、営業活動、投資活動、財務活動の３つのセクションから成り、各セクションでキャッシュの流入と流出を捉えます。

営業キャッシュフロー

営業キャッシュフローとは、企業の本業である営業活動から生み出されたキャッシュ（現金）の収支を表す指標です。

営業キャッシュフローの主な構成要素は次の通りです。

・商品等販売による現金収入（プラス）
・商品等仕入による現金支出（マイナス）
・人件費の現金支出分（マイナス）
・経費のうち現金支出分（マイナス）

・投資活動・財務活動以外（プラス・マイナス）

営業キャッシュフローがプラスであれば、本業が順調に現金を生み出していることを示します。一方でマイナスの場合は、事業に何らかの問題があることを意味します。

ただし、営業キャッシュフローがマイナスでも、一時的な要因による場合や、成長投資のためである場合は問題ありません。重要なのは、営業キャッシュフローの推移を継続的に分析し、健全な水準を維持できているかを確認することです。

営業キャッシュフローを高水準に維持できる企業ほど、外部からの資金調達に頼る必要が少なく、経営の安定性が高いと評価されます。企業は、営業キャッシュフローを意識した経営を行うことが重要です。

投資キャッシュフロー

投資キャッシュフローとは、企業の投資活動によるキャッシュの収支を表す指標です。主な内容は次の通りです。

・固定資産の取得や売却による現金の流出入
・有価証券の取得や売却による現金の流出入
・貸付金の支払いや回収による現金の流出入

・投資不動産の取得や売却による現金の流出入

投資キャッシュフローがマイナスの場合、企業が設備投資などの投資活動に現金を投入していることを示します。一方でプラスの場合は、投資活動から現金を回収していることを意味します。ただし、投資キャッシュフローがマイナスであっても問題ではありません。企業が成長するためには適切な投資が必要不可欠だからです。重要なのは、投資キャッシュフローの水準が営業キャッシュフローの範囲内に収まっているかどうかです。

投資キャッシュフローを分析することで、企業の投資活動の状況を把握し、経営判断に役立てることができます。投資キャッシュフローの推移を営業キャッシュフローや財務キャッシュフローと合わせて分析することが肝要です。

財務キャッシュフロー

財務キャッシュ・フローとは、企業の資金調達活動によるキャッシュの流れを示すものです。具体的には、金融機関からの借入や返済、株式や社債の発行、配当金の支払いなどが含まれます。

財務キャッシュ・フローがプラスの場合は、資金を調達したことを示します。一方、マイナスの場合は、資金を返済したことを意味します。財務キャッシュ・フローを分析することで、企業の財務状態を判断することができます。

財務キャッシュ・フローがプラスの場合は、資金調達が適切にできているかチェックします。一方、マイナスの場合は、返済計画に問題がないかを確認します。

企業が成長するためには、適切な資金調達が不可欠です。財務キャッシュ・フローは、キャッシュの状態や他の項目とのバランスを考慮しながら確認していく必要があります。

分析の活用例として次のようなものがあります。

●企業の経営状況を多角的に把握し、経営戦略の立案や改善に活用する。
●投資家や金融機関などのステークホルダーに対する企業評価に活用する。

以上のように、経営分析指針に基づいて決算書を分析することで、企業の経営状況を総合的に把握できます。この分析結果は、企業の経営改善や外部評価に活用されます。

8　税金の納付方法

次の納付方法の中から、自身の納税状況に合わせて最適な方法を選択することができます。

振替納税

振替納税とは、事前に手続を行うことで、口座振替を利用して税金を納付する方法のことを指します。初年度に1度手続をすれば、翌年以降は自動で最初に設定した口座から納税額が引き落とされるというのが特徴です。

手数料がかかわらず、加えて最近は引っ越しをした際は、確定申告書に異動・変更後の納税地（住所）を記載すれば、届出は不要になりました。

例として、令和5年分の確定申告（所得税、消費税等）の振替日は次の通りです

●申告所得税（復興特別所得税含む）：令和6年4月23日（火）
●消費税（地方消費税含む）：令和6年4月30日（火）

振替納税を利用するメリットは、納税の手間が省けることや、申告期限から約1か月程度の猶予があることで資金繰りに余裕ができることなどが挙げられます。ただし、振替日は法定納期限とは異なるため、毎年振替日を確認する必要があります。また、引っ越しをした際は、確定申告書に異動・変更後の納税地（住所）を記載する必要があります。

インターネットバンキング・モバイルバンキングからの納付

インターネットバンキングやモバイルバンキングを利用して税金を納付する方法には次のような特徴があります。

事前に手続を行えば、口座振替で自動的に税金が引き落とされる「振替納税」が利用できます。ですので、振替納税を利用すれば、納税の手間が省けるほか、申告期限から約1か月程度の猶予期間があるため資金繰りに余裕が生まれます。

また、ペイジー（Pay-easy）サービスを利用すれば、金融機関のインターネットバンキングから直接税金を納付できます。ペイジーを使う場合、納付番号などの情報が自動入力されるため手入力の手間が省くことができます。ただし、利用可能な金融機関は「共通納税対応金融機関」を確認する必要があります。

納付手続には e-Tax の利用開始手続が必要で、利用可能時間内に行う必要があります。また、領収証書は発行されないため、必要な場合は金融機関の窓口で納付する必要があります。

以上のことから、インターネットバンキングやモバイルバンキングを使えば、納税の手間を大幅に省くことができ、便利に税金を納付できます。

クレジットカード納付

クレジットカード納付とは、国税をクレジットカードで納付する方法のことを指します。国税クレジットカードお支払サイトを利用すれば、所得税、法人税、消費税など多くの国税をクレジットカードで納付できます。

ただし、1回の納付額は1000万円未満かつクレジットカードの決済可能額次に制限されており、納付税額に応じた決済手数料がかかります（例：10万円なら833円の手数料）。

利用可能なクレジットカードはVisa、Mastercard、JCB、AmericanExpress、DinersClubなど主要なカードブランドが対象です。領収証書が必要な場合は金融機関や税務署の窓口で納付する必要がある点に注意が必要です。一度の納付手続は取り消せないため、誤納付には注意が必要です。

クレジットカード納付のメリットは、時間や場所を選ばず納付できる利便性や、支払回数の選択による資金繰りの調整が可能なことなどが挙げられます。一方、決済手数料がかかることや1000万円の上限があることには注意が必要です。

スマホアプリ納付

2022年12月から導入された国税のスマホアプリを使った納付方式です。国税庁長官が指定した納付受託者（GMOペイメントゲートウェイ株式会社）が運営するスマートフォン決済専用のWebサイトから、PayPay、d払い、auPAY、LINEPay、メルペイ、AmazonPayの6種類のPay払いを利用して国税を納付できます。

特徴としては、事前の手続が不要で、いつでもどこでも納付できます。また、決済手数料がかからず、e-Taxで確定申告していれば、納付情報の入力を省略できます。しかし、納付金額は30万円未満に制限されており、領収証書は発行されないため、必要な場合は金融機関の窓口で納付する必要があります。

つまり、スマホアプリ納付は時間や場所を選ばずに納税できる便利な方法ですが、30万円以上の納付や領収証の取得には注意が必要です。

現金と納付書による納付

現金と納付書を使って税金を納付する方法の特徴は次の通りです。

金融機関（日本銀行歳入代理店）や所轄税務署の窓口で、現金に納付書を添えて直接納付します。納付書は事前に金融機関や税務署で受け取る必要があります。ただし、税務署の窓口での納付は平日8時30分～17時の間に可能です。領収証書が発行されるので安心です。納付書の入手ができない場合は所轄税務署に連絡してください。

この方法のメリットは、現金を使って直接窓口で納付できるため、納付の確認が容易であることです。ただし、納付書の入手や窓口への訪問が必要となるため、時間と手間がかかるデメリットもあります。

9　税務調査対応

税務調査とは

税務調査とは、国税庁が管轄する税務署などによって、納税者が正し

く税務申告（確定申告）を行っているかを調査することです。税務調査には次の2種類があります。

①強制調査

・国税局査察部（通称「マルサ」）が裁判所の令状を持って実施する調査。
・脱税の疑いが強い納税者を対象とし、犯罪の証拠収集を目的とする。
・納税者の同意なしに強制的に行われ、事務所内の調査や資料の徴収が可能。
・調査期間は1か月以上と長期化することもある。

②任意調査

・一般的な税務調査で、納税者の同意に基づいて行われる。
・税務署から事前に調査の連絡があり、日時の調整が可能。
・税務署職員には「質問検査権」があるため、実質的には強制力がある。
・調査期間は2・3日程度。

強制調査は脱税などの重大な不正が疑われる場合にのみ行われ、ほとんどの税務調査は任意調査の形で実施されます。任意調査でも事前通知なしの「無予告調査」が行われることもあります。税務調査の対象となる可能性は法人で40社に1社、個人で100人に1人程度と高くはありませんが、調査に備えて適切な帳簿管理と申告が重要です。

調査では次の点が重点的に確認されます。

・売上の計上漏れや自家消費の有無。
・原価の架空計上や売上との対応関係。
・経費の私的支出の混入。
・給与支払報告書等の計算誤り。

質問検査権

調査官には「質問検査権」というものがあります。質問検査権は、調査を行う国税に関する事務に従事している職員に認められています。この権利によって、国税庁、国税局、税務署の職員が、所得税、法人税、消費税などの国税に関する調査のために必要があると判断した場合、納税者や関係者に質問したり、帳簿書類などを検査したりすることができます。

税務署員は質問検査権に基づき、物件の提示や提出を求めることができます。加えて、調査対象者には、税務署員の質問に答えたり、帳簿書類などを提示・提出したりする義務があります。

ただし、質問検査権には一定の制限があります。まず、調査の任意性が要件となり、罰則による間接強制力を有する質問検査権を行使することはできません。また、訴訟係属中の証拠収集については、当事者対等原則等の観点から検討の余地があります。

以上のように、質問検査権は税務調査を円滑に進めるための重要な権限ですが、一方で納税者の権利保護の観点からも一定の制限が設けられています。

税務調査における罰則

この調査において、帳簿書類の提示などの要求に応じない場合は罰則があります。税務調査を拒否した場合、国税通則法により1年以下の懲役または50万円以下の罰金の罰則が科される可能性があります。

また、税務調査中に嘘をつく、事実を隠ぺいする、証拠書類を提出しないなど調査を妨害した場合も、同様の罰則の対象となります。

ただし、質問検査権の行使が違法だとして国家賠償請求訴訟や更正処分の取消し訴訟を起こした裁判例はほとんどありません。最高裁判例は質問検査権の範囲や程度について、税務職員の合理的な選択に委ねられているとの緩やかな解釈を採っているためです。

したがって、税務調査に対して一定の制限はありますが、実際に罰則が科される可能性は高くないと考えられます。ただし、罰則自体は比較的軽微とはいえ、前科がつけば以後の仕事や家族に影響が及ぶ可能性があるため注意が必要です。

税務調査では、申告内容に誤りがあると納めるべき税額が大きく変わるため、売上や利益が大きい法人や直近の年度と比べて大きく変動した法人には注意が必要です。

税務調査の内容

税務調査では、主として次の点について調査が行われます。

●申告書類の確認
▽法人税申告書、所得税申告書、消費税申告書などの申告書類を確認し、申告内容の適正性を確認する。
▽源泉所得税に関する給与支払報告書、源泉徴収簿、源泉徴収票などの書類も確認する。
●帳簿書類の確認
▽仕訳帳、総勘定元帳、現金出納帳などの帳簿書類を確認し、記録内容の適正性を確認する。
▽経理処理の方法や管理状態なども確認される。
●領収書の確認
▽現金経費の支払領収書や現金売上の領収書を確認する。
▽特に高額な支出や接待交際費の領収書について詳細な説明を求められる。
●従業員や家族とのやり取りの確認
▽経営者と従業員、家族とのやり取りにも注目し、証言の整合性を確認する。
税務調査の目的は、申告内容の適正性を確認し、脱税や不正がないかを調べることにあります。

帳簿書類や領収書の確認、関係者への質問などを通じて、申告内容の正確性を確認します。

リスク・ベース・アプローチ

近年、国税当局は、企業の税務リスクに応じて税務調査の時期や深度を決定するリスク・ベース・

アプローチ（ＲＢＡ）を採用しています。ＲＢＡでは、個々の企業の税務コーポレートガバナンスの状況、事業内容、申告・決算内容、過去の非違の内容や改善状況などを分析し、税務リスクを判定します。

リスクが高いと判断された企業には、より深度のある税務調査が実施され、詳細な取引内容や内部統制の状況が厳しく確認される可能性があります。一方で、リスクが低い企業については、調査を省略したり、調査の範囲を絞り込んだりといった対応がなされます。この仕組みにより、税務調査の負担が企業ごとに最適化され、適正な税務運営を行う企業は、調査の頻度や範囲が縮小される可能性が高くなります。ＲＢＡの導入により、国税当局は限られた調査リソースを効果的・効率的に活用できるようになりました。

近年では、会計システムデータや稟議データ、取引履歴の分析により、より精密な税務リスクシナリオが設定されています。特に、電子帳簿保存法やＤＸの進展により、企業のデータ管理が厳格化され、国税当局もデジタルデータの活用を強化しています。

税務リスクを低減するには、内部統制の強化、正確な申告、税務専門家との連携が欠かせません。税務当局との協力関係を築けば、調査対応がスムーズになり、リスク管理の透明性も向上します。今後、税務調査のデジタル化が進むにつれ、企業側にもリアルタイムなデータ管理と適正な税務申告の体制構築が求められます。リスクの高い取引や不明確な経理処理は、社内チェックを強化し、事前に対応することが持続的な成長につながるでしょう。

第5章　財務担当者必須の基本知識

1　資金繰り管理の重要性（黒字倒産）

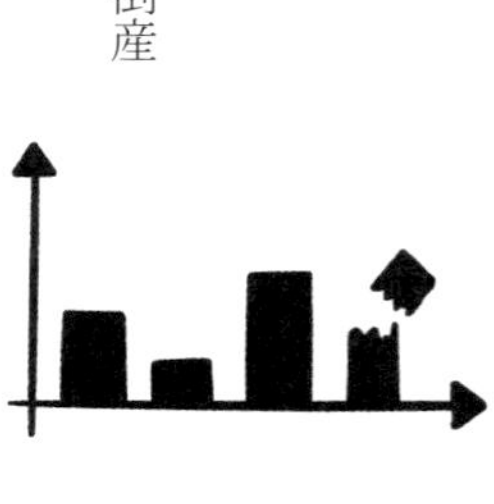

黒字倒産とは

黒字倒産とは、損益計算書上は黒字であっても、資金繰りの悪化により倒産に至る事態のことを指します。主な原因は次の３つです。

滞留在庫の積み上がり

在庫は、キャッシュを商品や材料に交換したものですが、売れ残りとなって倉庫に眠っていると、キャッシュを寝かせているのと同じです。仕入代金は先に支払われるため、売上高が確定して入金がない限り、キャッシュフローはマイナスとなります。

売れ残りが増えれば増えるほど、キャッシュフローは悪化し、致命的な問題となる可能性があります。

売上債権の回収遅延

大口取引先からの売掛金回収が滞ると、手元資金が不足します。帳簿上は売上が計上されても、その分のキャッシュが即時に入ってくるわけではなく、数ヶ月先の入金となるため、資金繰りに支障をきたします。

無理な設備投資やＭ＆Ａ

過剰な設備投資や、事業の相乗効果が期待できないＭ＆Ａなどにより、多額の資金が流出すると、本業の利益では賄えなくなります。

実際の黒字倒産事例としては、２０１５年に化学品商社のＡ社が挙げられます。Ａ社は２０１４年３月期まで好業績を続けていましたが、中国の大口取引先からの売掛金回収が滞り、中国子会社の不正取引による特別損失の計上で債務超過に陥り、倒産に至りました。

以上のように、黒字倒産は本業が好調でも、資金繰りの悪化により倒産に至る事態です。在庫管理の適正化、売掛金の早期回収、無理のない設備投資などに気を配ることが重要です。

２　黒字破産の対策

黒字倒産を防ぐための対策

黒字倒産を防ぐための対策は、次の通りです。

●入出金状況を把握する

▽売掛金の回収状況や仕入代金の支払期日を把握し、資金繰り表を作成する。

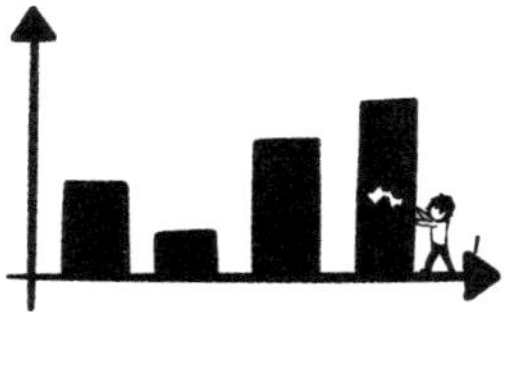

▽入金が遅れている取引先をチェックし、回収を早めるよう働きかける。

●回収サイトを短く、支払サイトを長くする

▽売掛金の回収サイトを短くし、仕入代金の支払サイトを長くすることで資金繰りを改善する。

▽前受金制度の導入や、分割払いの交渉などを検討する。

●在庫管理を適正化する

▽過剰在庫を避けるため、在庫回転期間を短縮する。

▽売れ残りリスクの高い商品の発注を控え、在庫を適正水準に抑える。

●自己資本比率を高める

▽自己資本比率が高いほど、返済不要の自己資本を使って運転できるため、中長期的に倒産リスクが低下する。

▽利益の内部留保や増資などにより、自己資本を増強する。

●キャッシュフロー経営を実践する

▽損益計算書だけでなく、キャッシュフロー計算書も定期的に確認し、自由資金比率を把握する。

▽営業活動によるキャッシュフローがプラスになるよう、収支の改善に取り組む。

以上のように、入出金の把握、回収サイトの短縮、在庫の適正化、自己資本の充実、キャッシュフロー重視の経営など、多角的な対策を講じることが黒字倒産を防ぐ鍵となります。経営の健全性を定期的にチェックし、資金繰りの改善に努めることが重要です。

3　資金調達の基本

資金調達の方法

資金調達の方法には主にデットファイナンスとエクイティファイナンスがあります。

デットファイナンスは、金融機関からの借入や社債発行などによる他人資本の増加による資金調達方法です。借入れた資金は返済しなければならず、利息の支払義務があります。

一方、エクイティファイナンスは、株式の発行による自己資本の増加で資金を調達する方法です。株主から出資された資金は返済の必要がなく、代わりに事業収益を配当金として還元します。株主には経営への参加権も与えられます。

貸借対照表上、デットファイナンスは負債の増加、エクイティファイナンスは資本の増加をもたらします。デットファイナンスには銀行借入、社債発行、私募債発行などの種類があり、エクイティファイナンスには新株発行などがあります。

企業は状況に応じて、デットファイナンスとエクイティファイナンスを使い分けて資金調達を行います。

デットファイナンスのメリット・デメリット

●メリット

▽経営権に影響を与えない。株式を発行せず、経営者が経営権を維持できる。

▽信頼性のある企業であれば、実績による信用力向上で資金調達が可能になる。

▽利払いが法人税の損金算入の対象となり、税負担が軽減される。

●デメリット

▽返済期限内に返済できない場合、延滞利息の支払いや強制執行のリスクがある。

▽返済義務と利息の負担がある。

▽自己資本比率が低下する。

つまり、デットファイナンスは経営権を維持でき、税負担が軽減されるメリットがある一方で、返済義務と利息の負担、自己資本比率の低下などのデメリットもあるため、企業の状況に応じて慎重に検討する必要がある。

エクイティファイナンスのメリット・デメリット

●メリット

▽返済義務や利息の負担がない。調達した資金がマイナスにならず、必要な資金を確保できる。

▽自己資本が増加するため、財務体質が強化される。自己資本比率が上がり、企業評価が高まる

可能性がある。

▽新たな投資家や取引先を得られる可能性がある。経営に必要なノウハウや人脈を得られるメリットもある。

●デメリット

▽新株発行により、既存株主の持ち株比率が下がり、経営に影響を及ぼす可能性がある。

▽既存株主から反対される可能性がある。株式の希薄化により、１株あたりの価値が下がるデメリットもある。

▽手続が複雑で時間と費用がかかるため、急な資金調達には向かない。

▽投資家から株式の買取を求められる可能性があり、一時的に資金的に行き詰まる可能性がある。

つまり、エクイティファイナンスは返済義務がなく財務体質を強化できるメリットがある一方で、経営権への影響や既存株主への影響などデメリットもあるため、慎重に検討する必要がある。

4　金融機関との付き合い方

メインバンクの選び方

経理の立場から見たメインバンクの選び方のポイントは次の通りです。

●企業規模に合わせた金融機関の選択

▽売上高1億円超～3億円未満の企業では、地方銀行や信用金庫がメインバンクとして適しています。

▽売上高30億円超～50億円未満の企業では、地方銀行がメインバンクとして適しています。

▽売上高50億円超～１００億円未満の企業では、メガバンクがメインバンクとして適しています。

●金融サービスの充実度

▽メインバンクには、企業の事業規模に合わせた幅広い金融商品やサービスの提供が期待されます。

▽大規模企業では、国際取引のサポートや大規模融資などが必要になるため、大手銀行や外資系銀行が適しています。メインバンクは、企業が主に取引する金融機関を指します。メインバンクは、企業の経営状況や財務状況を把握し、融資や資金管理のサポートを行います。

次は、メインバンクが提供するサービスの一例です

●融資サービス

▽長期・短期の融資やローンの提供。

▽融資の条件や金利の設定。

▽複数の金融機関が共同で融資を行うシンジケートローンの設定。

●資金管理サービス

▽現金管理や預金の管理。

▽為替取引や国際送金のサポート。
▽財務状況の分析やキャッシュフローの管理。

●リスク管理サービス

▽為替リスクや金利リスクヘッジング。
▽財務リスクの評価と対策の提案。

●経営サポートサービス

▽経営状況の分析や経営指導。
▽新規取引の紹介やビジネスパートナーの紹介。
▽経営危機時のサポートや再建の支援。

●デジタルバンキングサービス

▽オンラインバンキングやモバイルバンキングの提供。
▽デジタルツールやプラットフォームを通じた金融サービス。

メインバンクは、企業のニーズに応じたカスタマイズされたサービスを提供します。企業は、メインバンクとの関係を通じて、安定的な資金供給や経営サポートを受けることができます。

●取引実績と信頼関係の構築

▽メインバンクは、企業の資金繰りや経営再建など、密度の濃い取引関係を築くことが重要です。

▽初期段階では地方銀行や信用金庫でも、後に大手銀行に乗り換えるなど、企業の成長に合わせてメインバンクを変更することも可能です。

●利便性と手数料

▽支店網の充実度、振込手数料の安さ、ネット取引の利便性なども、メインバンク選定の重要な要素となります。

以上のようなポイントを総合的に検討し、企業の成長段階や事業内容に最適なメインバンクを選択することが重要です。

決算説明資料のポイント

決算説明資料作成の基本原則は、次の３点です。

⑴情報は明確で理解しやすい言葉で提示すること。

⑵開示される情報は正確で最新のものであること。

⑶投資家が最も関心を持つトピックに焦点を当てること。

決算説明資料作成のポイント

決算説明資料を作成する際は、データとストーリーのバランスを取ることが重要です。効果的なデータの提示方法としては、適切なフォーマットでの決算数値の説明、データの文脈の中での提示、ベンチマークや時系列分析の活用などがあります。

また、読者を惹きつけるデザインの要素として、見出しの工夫、図表の活用、余白の確保などが挙げられます。

これらを把握した上でチェックするべき要素を列挙してみました。

●簡潔でわかりやすい資料作成

決算説明資料は、Ａ４サイズで３枚程度にまとめるのが適切です。銀行員は多忙なため、簡潔で要点を押さえた資料が効果的です。

●業績の推移を示す

直近３～５期分の要約損益計算書（ＰＬ）を載せ、業績の推移がわかるようにします。銀行員はＰＬの推移を重視するためです。

●数字の背景説明

単に数字を並べるだけでなく、その背景や原因を明確に説明することが重要です。たとえば「コロナ禍の外出自粛で個人客の利用頻度が増えたことによって、売上高が伸びた」というように具体的に記述します。

●重要な財務指標の説明

売上高、売上総利益率、販売管理費などの重要な財務指標について、変動の理由や今後の見通しを説明します。

●将来の見通し
今後の事業計画や成長戦略についても簡潔に記載し、銀行に対して将来性をアピールします。
●グラフや図表の活用
数字だけでなく、グラフや図表を用いて視覚的にわかりやすく表現することで、銀行員の理解を促進します。
●業界動向との関連づけ
自社の業績を業界全体の動向と関連付けて説明することで、銀行員が業界内での位置づけを理解しやすくなります。これらのポイントを押さえた決算説明資料を作成することで、メインバンクとのコミュニケーションを円滑にし、融資や取引関係の強化につながる可能性が高まります。

決算説明資料作成上の注意点

決算説明資料を作成する際の注意点も確認しましょう。
●透明性と公平性を保つこと。
●開示される情報は正確で最新のものであること。
●誤解を招く情報やデータは避けること。
●業績報告は可能な限り毎回同じフォーマットで行うこと。
●資料は明確かつ簡潔に情報を伝えるべきで、専門用語の使用は控えめにすること。

以上のポイントを意識しながら、資料を作成することが肝要です。

5　補助金、助成金なども活用しよう

補助金・助成金の活用メリット

日本の中小企業や小規模事業者向けに、様々な補助金や助成金が用意されています。これらの補助金は、企業の成長や事業の改善を支援することを目的としています。企業が補助金を活用することには、次のようなメリットがあります。

●返済不要

補助金は返済の必要がない資金であり、企業の財政的負担を軽減できます。特に資金繰りに苦慮する中小企業にとって大きな利点となります。

●事業価値と企業信用度の向上

補助金の審査に通過することで、その事業の価値が認められ、企業の信用度も向上します。これは間接的なメリットとして重要です。

●事業計画のブラッシュアップ

補助金申請書の作成過程で、事業計画を客観的に見直し、優位点や不備な点を発見できます。これにより事業計画の質を高めることができます。

●社内体制の整備
特に雇用関連の助成金では、必要書類の準備を通じて社内体制を整えることにつながります。
●新規事業や設備投資の促進
補助金を活用することで、自己資金だけでは難しい新規事業の立ち上げや設備投資を行いやすくなります。
●国や社会の課題解決への貢献
多くの補助金は、賃上げや地方創生、環境問題など、国や社会の課題解決につながる事業を支援しています。これにより、企業の社会的価値も高まります。
●効率的な資金調達
特に中小企業にとって、補助金・助成金は効率的な資金調達手段となります。
●専門家のサポートを受けられる
補助金申請の際には、行政書士や税理士、社労士など専門家のアドバイスを受けることができます。これにより、補助金の活用だけでなく、経営戦略の見直しや財務管理の向上にもつながります。

これらのメリットを活かすことで、企業は財政的負担を軽減しつつ、事業の発展や競争力の強化を図ることができます。ただし、申請手続や情報収集に手間がかかるなどのデメリットもあるため、それらを考慮した上で活用を検討することが重要です。

６　おすすめの補助金

２０２３年４月時点でのおすすめの補助金について紹介します。

各都道府県や自治体の行う補助金・助成金

各都道府県や自治体が独自に行っている助成金は多くあります。例として東京都が提供している補助金について紹介します。

東京都では、中小企業や個人事業主を対象に様々な補助金・助成金制度を設けています。主なものは次の通りです。

①製品開発関連

●地域資源活用や都市課題解決に資する製品・サービスの開発に利用できる助成金
助成限度額１５００万円、助成率１／２以内（都市課題の環境・エネルギー分野は２／３以内）。

●他企業・大学等と連携した技術・製品開発に利用できる助成金
助成限度額８０００万円、助成率２／３以内。

●ゼロエミッションに資する製品の開発や改良に利用できる助成金

助成限度額（単独）１５００万円、助成率（単独）２／３以内。

助成限度額（グループ）３０００万円、助成率（グループ）２／３以内。

②経営支援関連

生産性向上に向けたＩＣＴ・ＡＩ・ロボット等、デジタル技術の導入・活用に要する経費の一部を助成。助成限度額３０００万円、助成率４／５以内。

特別高圧電力や工業用ＬＰガスを使用する中小企業者等の負担軽減に向けた緊急対策支援金。

③地球温暖化対策関連

東京都内の賃貸集合住宅の断熱性能向上及び再エネ設備導入を促進するための補助金です。高断熱窓・ドア、断熱材の改修や省エネ診断等に係る経費及び再エネ設備導入に係る経費の一部を補助します。

これらの補助金・助成金は、中小企業者、個人事業主、中小企業団体等が対象となることが多く、事業の目的や要件に応じて利用可能です。

ものづくり・商業・サービス生産性向上促進補助金

ものづくり補助金は、中小企業等による生産性向上に資する革新的なサービス開発・試作品開発・

生産プロセスの改善を行うための設備投資を支援する補助金制度です。補助率は１／２、１／３、２／３のいずれかで最大補助額は1億円になります。

２０２４年度は、省力化（オーダーメイド）枠、製品・サービス高付加価値枠、グローバル展開型枠の３つの申請枠が設けられています。申請には事業計画書などの書類提出が必要で、審査を経て採択されます。採択率は年度によって異なるが30～40％程度です。

ものづくり補助金は、中小企業の革新的な設備投資を後押しする重要な制度です。専門家に相談しながら、自社の生産性向上に資する事業計画を立て、要件を満たして申請することが採択のポイントとなります。

ＩＴ導入補助金

ＩＴ導入補助金は、中小企業・小規模事業者がＩＴツールの導入を支援する補助金制度です。中小企業・小規模事業者を対象とし、ＩＴツールの導入費用の一部を補助することが目的となっています。補助率は最大４／５までであり、パソコンなども補助対象となります。

通常枠、インボイス枠、セキュリティー対策推進枠など、複数の支援枠が設けられています。ＩＴ導入支援事業者が申請手続などをサポートしてくれます。経営の見える化、働き方改革、業務の自動化など、様々な活用事例があります。

ＩＴ導入補助金は中小企業の生産性向上に役立つ重要な支援制度です。工事業向けのＩＴツール導入をお考えの方は、ぜひ活用を検討してみてください。

事業再構築補助金

事業再構築補助金は、ポストコロナ時代の経済社会の変化に対応するために中小企業等の新分野展開、事業転換、業種転換、業態転換、又は事業再編を支援する補助金です。日本国内に本社を有する中小企業者等及び中堅企業等を対象としています。この補助金は、新市場への進出や事業モデル転換を支援し、業績回復や競争力強化のチャンスを提供します。設備投資、新サービス開発等にも活用でき、成長を目指す企業にとって有効な資金調達手段となります。

定期的に募集しているのでサイトを確認してみてください。

補助金額は次のように枠ごとに決まっています。

●成長分野進出枠（通常類型）：各事業類型の補助金額上限に準じる。
●卒業促進上乗せ措置：100万円~3000万円。
●中長期大規模賃金引上促進上乗せ措置：100万円~3000万円。
●サプライチェーン強靱化枠：中小企業者等、中堅企業等ともに1000万円~5億円。
●成長分野進出枠（通常類型）：各事業類型の補助率に準じる。

認定支援機関は東京商工会議所です。東京商工会議所は、認定経営革新等支援機関として、計画策定支援や確認書の発行を行います。確認書発行は会員限定です。

小規模事業者持続化補助金

小規模事業者等の持続的な経営に向けた取り組みを支援する補助金です。主な特徴は次の通りです。

小規模事業者等が直面する制度変更（働き方改革、被用者保険の適用拡大、賃金引上げ、インボイス導入等）に対応するため、経営計画を作成し、それに基づく販路開拓等の取り組みを支援しています。

補助対象者は、商工会地域の小規模事業者等（製造業その他は常時使用する従業員の数20人次、商業・サービス業は5人次など）。補助率は２／３、補助上限額は50万円。ただし、賃金引上げ枠は１００万円までです。

電子申請システム（jGrants）を利用して申請できます。申請前に公募要領を確認し、不明な点は事務局に問い合わせてください。過去の持続化補助金（一般型、コロナ特別対応型、低感染リスク型ビジネス枠）で採択された事業者は、事業効果報告書の受領が必要です。

定期的に募集しているので、小規模事業者の皆様は、商工会や事務局のホームページ等で最新の情報をご確認ください。

業務改善助成金

業務改善助成金は、中小企業・小規模事業者の生産性向上を支援し、事業場内で最も低い賃金（事業場内最低賃金）の引上げを図るための制度です。

具体的には、生産性向上に資する設備投資等（機械設備、コンサルティング導入や人材育成・教育訓練）を行うとともに、事業場内最低賃金を一定額以上引き上げた場合、その設備投資などにかかった費用の一部が助成されます。

助成される金額は、生産性向上に資する設備投資等にかかった費用に一定の助成率をかけた金額と助成上限額とを比較し、いずれか安いほうの金額となります。

申請には次の要件があります。

●中小企業・小規模事業者であること。
●事業場内最低賃金と地域別最低賃金の差額が50円以内であること。
●解雇、賃金引き下げなどの不交付事由がないこと。

申請の流れは次の通りです。

・交付申請：交付申請書（様式第1号）を作成し、必要書類を添付して都道府県労働局に提出。
・交付決定：審査の上、交付決定通知書が送付される。
・事業実施：計画に沿って設備投資等と事業場内最低賃金の引上げを実施。
・事業完了報告：事業完了後、事業実績報告書を提出。
・助成金支給：審査の上、助成金が支給される。

65歳超雇用推進助成金（無期限雇用転換コース）

65歳超雇用推進助成金の高年齢者無期雇用転換コースは、50歳以上かつ定年年齢未満の有期契約労働者を無期雇用労働者に転換させた事業主に対して助成するコースです。

主な支給要件は次の通りです。

- 50歳以上かつ定年年齢未満の有期契約労働者を対象とすること。
- 対象労働者を無期雇用労働者に転換すること。
- 転換後の賃金が転換前と同等以上であること。
- 転換日から1年間継続して雇用管理を行うこと。

支給額は、対象労働者１人につき30万円です。

申請の流れは次の通りです。

①高年齢有期契約労働者の無期雇用への転換を実施。
②支給申請書を作成し、必要書類を添付して独立行政法人高齢・障害・求職者雇用支援機構の各都道府県支部高齢・障害者業務課に提出。
③審査の上、支給決定通知が送付される。
④支給決定日から1年経過後、事業実績報告書を提出。
⑤審査の上、助成金が支給される。

高年齢者の雇用を促進し、生涯現役社会の実現を目指す制度です。有期契約労働者の無期雇用転換を検討する際は、本助成金の活用を検討することをおすすめします。

65歳超雇用推進助成金（65歳超雇用促進コース）

65歳超雇用推進助成金（65歳超継続雇用促進コース）は、65歳以上への定年引上げ等の措置を実施した事業主に対して助成するコースです。この助成金は、高年齢者の就労機会の確保と希望者全員が安心して働ける雇用基盤の整備を目的としています。

主な支給要件は次の通りです。

- 65歳以上への定年引上げ、定年の定めの廃止、66歳以上の継続雇用制度の導入のいずれかを実施すること。
- 措置実施日が属する月の翌月から4か月以内に申請すること。
- 1人以上の65歳以上の被保険者を雇用していること。

支給額は、65歳以上の被保険者1人につき30万円です。

申請期間は、措置実施日の属する月の翌月から4か月以内となっています。申請書類は、（独）高齢・障害・求職者雇用支援機構の各都道府県支部に提出します。

キャリアアップ助成金（正社員化コース）

キャリアアップ助成金（正社員化コース）は、非正規雇用労働者を正社員に転換した事業主に対して助成する制度です。有期雇用労働者等を正規雇用労働者に転換した場合に助成金を支給します。２０２３年11月29日以降、支給対象期間が６か月から12か月に拡充され、助成額も引き上げられました。

●中小企業の場合、６か月あたり40万円（従来は28・5万円）、合計80万円が支給。
●大企業の場合、６か月あたり30万円（従来は21・３７５万円）、合計60万円が支給。

対象となる有期雇用労働者の雇用期間が６か月以上３年以内から６か月以上に緩和されました。ただし、有期雇用期間が通算5年を超えた場合は無期から正規への転換と同額の助成がされます。また、派遣社員を正社員として雇用した場合、１人あたり最大28・5万円の追加助成があります。

キャリアアップ助成金は、従業員のスキルアップや雇用の安定化を促進し、企業の人材確保にもつながる制度です。申請にあたっては、専門家に相談するなど慎重に対応することが重要です。

キャリアアップ助成金（賃金規定等改定コース）

キャリアアップ助成金（賃金規定等改定コース）は、有期雇用労働者等の基本給の賃金規定等を３％以上増額改定し、昇給させた事業主に対して助成する制度です。すべての有期雇用労働者等の賃金規定等を３％以上増額改定した場合、対象労働者数に応じた額が事業主に支給されます。ここでの賃金規定等とは、労働協約や就業規則に定められた賃金額の定めのことを指す対象労働者は、増額改定前の基本給に比べて2％以上（中小企業は3％以上）昇給している有期雇用労働者等である必要があります。

申請にあたっては、まずキャリアアップ計画書を作成し、労働局の認定を受ける必要があります。

このように、キャリアアップ助成金（賃金規定等改定コース）は、有期雇用労働者の処遇改善と企業の人材確保を支援する制度となっています。

両立支援等助成金（介護離職者防止支援コース）

両立支援等助成金の介護離職防止支援コースは次のように概要されます。仕事と介護の両立支援によって労働者の雇用安定を図るため制定された制度です。

中小企業事業主が次の取り組みを実施した場合に助成金が支給されます。

- ●仕事と介護の両立ができるような職場環境整備。
- ●介護支援プランの作成と実施。
- ●介護休業の円滑な取得や職場復帰の取り組み。
- ●介護目的の有給休暇取得の促進。

この制度には次の2つのコースがあります。

●介護休業コース

対象労働者が介護休業を5日以上取得し、復帰した場合に支給され、助成額は30万円／人、1年度5人までです。代替要員を確保した場合は業務代替支援が加算されます。

●介護両立支援制度コース

事業主が柔軟な就労形態制度を導入し、対象労働者が20日以上利用した場合に支給され、助成額は30万円／人、1年度5人までです。

両立支援等助成金の申請には様々な書類の提出が必要となります。詳細は管轄の労働局に問い合わせることをおすすめします。

両立支援等助成金（育児休業等支援コース）

両立支援等助成金の育児休業等支援コースは次のように概要されます。仕事と育児の両立支援によって労働者の雇用安定を図るため制定された制度です。

中小企業事業主が次の取り組みを実施した場合に助成金が支給されます。

●育児休業制度や育児のための短時間勤務制度の導入
●育児休業復帰支援プランの作成と実施
●育児休業の円滑な取得や職場復帰の取り組み

この制度には次の2つのコースがあります。

●育児休業コース

対象労働者が育児休業を3か月以上取得し、復帰した場合に支給されます。助成額は28・5万円／人、生産性要件を満たした場合は36万円／人です。職場復帰時には業務代替支援加算（19万円／24万円）が加算されます。

●育児休業等取得時コース

育児休業開始前に所定の要件を整備した上で、対象労働者が育児休業を取得した場合に支給されます。助成額は28・5万円／人、生産性要件を満たした場合は36万円／人です。

両立支援等助成金（子育てパパ支援助成金）

両立支援等助成金（出生時両立支援コース）は、男性労働者が育児休業を取得しやすい職場環境を整備している中小企業事業主に対して支給される助成金です。

種類は次の2種があります。

●第1種（育児休業取得時支給）

男性労働者が育児休業を取得した場合に支給され、支給額は30万円（中小企業の場合）。

●第2種（育児休業取得率向上時追加支給）

男性の育児休業取得率が一定水準以上になった場合に追加で支給され、支給額は30万円（中小企業の場合)。ただし、第2種は1事業主につき1回限りです。

この助成金は、男性の育児参加を促進し、仕事と育児の両立を支援することを目的としています。男性労働者が育児休業を取得しやすい雇用環境整備や業務体制整備を行った事業主に対して支給されます。

働き方改革推進支援助成金(労働時間短縮・年休促進支援コース)

働き方改革推進支援助成金(労働時間短縮・年休促進支援コース)は、生産性を向上させ、時間外労働の削減や年次有給休暇の取得促進に向けた環境整備に取り組む中小企業事業主を支援する助成金制度です。

主な要件は次の通りです。

●労働者災害補償保険の適用事業主であること。

●交付申請時点で、時間外労働時間数の削減や特別休暇の新規導入など、成果目標の設定条件を満たしていること。

●すべての対象事業場で年5日の年次有給休暇取得に向けた就業規則等の整備がなされていること。

支給額は、成果目標の達成状況に応じて最大730万円まで支給されます。また、常時使用する労働者数が30人以下の中小企業事業主の場合は、別途最大480万円の加算支給があります。

この助成金は、中小企業における働き方改革の取り組みを後押しし、生産性の向上と労働時間の適正化を促進することを目的としています。

キャリアアップ助成金（賃金規定等共通化コース）

キャリアアップ助成金（賃金規定等共通化コース）は、有期雇用労働者等に対して正規雇用労働者と共通の職務等に応じた賃金規定等を新たに作成し、適用した事業主に助成される制度です。

主な要件は次の通りです。

●雇用保険の適用事業所であること。

●雇用保険適用事業所ごとにキャリアアップ管理者を任命していること。

●就業規則または労働協約の定めるところにより、雇用するすべての有期雇用労働者等に、正規雇用労働者と共通の職務等に応じた賃金規定等を新たに作成し、適用すること。

●正規雇用労働者に係る賃金規定等を、新たに作成する有期雇用労働者等の賃金規定等と同時またはそれ以前に導入すること。

●賃金規定等の区分を有期雇用労働者等と正規雇用労働者についてそれぞれ3区分以上設け、うち共通する区分を2区分以上設けること。

支給額は、中小企業が60万円、大企業が40万円です。

本助成金の活用により、有期雇用労働者等の処遇改善を通じたキャリアアップが促進され、事業主にとっても人手不足や人材確保の対策になります。

キャリアアップ助成金（賞与・退職金制度導入コース）

キャリアアップ助成金（賞与・退職金制度導入コース）は、有期雇用労働者等に対して賞与・退職金制度を新たに導入した事業主に対して助成される制度です。

主な要件は次の通りです。

●雇用保険の適用事業所であること。
●雇用保険適用事業所ごとにキャリアアップ管理者を任命していること。
●就業規則または労働協約の定めるところにより、雇用するすべての有期雇用労働者等に、賞与・退職金制度を新たに導入すること。
●賞与・退職金制度の導入に伴い、有期雇用労働者等の基本給を３％以上増額すること。

支給額は、中小企業が60万円、大企業が40万円です。

本助成金の活用により、有期雇用労働者等の処遇改善を通じたキャリアアップが促進され、事業主にとっても人手不足や人材確保の対策になります。

キャリアアップ助成金（短時間労働者労働時間延長コース）

キャリアアップ助成金の短時間労働者労働時間延長コースは、週所定労働時間が25時間未満の有期契約労働者等について、当該週所定労働時間を30時間以上に延長した事業主に対して助成するものです。社会保険適用を受けることのできる労働条件の確保を通じた短時間労働者のキャリアアップを目的としています。
主な要件は次の通りです。
●次の対象労働者が次の条件を満たすことで得られます。
▽週所定労働時間が25時間未満の労働者。
▽週所定労働時間が25時間未満の労働者として雇用された期間が6か月以上。
▽延長前6か月間、社会保険の適用を受けていなかった労働者。
●キャリアアップ管理者の配置とキャリアアップ計画の認定。
●対象労働者の週所定労働時間を30時間以上に延長し、延長後6か月以上経過した後に社会保険を適用。
●支給額は、支給対象者1人当たり10万円（中小企業以外は7万5０００円）です。1年度1事業所あたり10人までを上限としています。
短時間労働者の社会保険加入促進と処遇改善を通じて、非正規雇用労働者のキャリアアップを図ることを目的としたこの助成金は、パートタイム労働者の雇用安定化や福利厚生の向上にも貢献します。

また、企業にとっては人材の確保・定着を促し、労働力不足の解消にも役立つため、制度の活用によって経営の安定化と従業員の働きやすい環境整備が可能となります。パートタイムが労働者の労働時間延長を検討している事業主にとって、非常に有効な支援制度と言えるでしょう。

第6章　財務の実務知識

1　現金管理の重要性

現金管理の重要性

財務における現金管理の重要性は次の通りです。

●企業の流動性確保：現金は企業の支払能力を示す重要な指標であり、適切な現金管理により企業の財務の健全性を維持することができます。

●現金は紛失や着服のリスクが高いため、厳格な管理が必要です。会社の資金と個人の資金を明確に区別することが重要です。

●経営者が会社の資金を個人的に使用すると、給与や配当として認識される可能性があり、適切な申告がなされていない場合、税務上のリスクが高まってしまいます。

●会社の資金と個人の資金の区別は、従業員に対して正直で透明な経営を行っていることを示すメッセージとなり、企業文化の形成に寄与します。

●小口現金の活用や経費精算の給与振り込みとの連携など、現金管理の負担を軽減する方法を採用することで、経理部門の作業効率を高められる。

つまり、現金管理は企業の財務健全性、不正防止、税務上の適切性、企業文化の形成、業務効率

化など、企業経営にとって非常に重要な要素であると言えます。

現金の管理を厳格に行う必要性が伝わったと思います。ここで、財務における会計の種類についても確認してみましょう。財務会計と管理会計は、企業会計の２つの大きな分野ですが、目的や利用者、内容などが大きく異なります。

２　財務会計とは

財務会計の特徴

財務会計とは、企業の外部利害関係者（株主、債権者、取引先など）に対して、企業の財政状態や経営成績を報告することを目的とした会計のことです。

財務会計の主な特徴は次の通りです。

●企業外部の利害関係者に対する会計情報の提供が目的。
●会計情報は一般に公正妥当と認められる会計基準（ＧＡＡＰ）に基づいて作成される。
●財務諸表（貸借対照表、損益計算書、キャッシュフロー計算書など）の作成が義務づけられている。
●法律で規定されているため、すべての企業が対応する必要がある。

財務会計の主な業務には、取引の記録・仕訳、試算表の作成、財務諸表の作成、税務申告書の作成、監査対応などが含まれます。財務会計は、企業の経営成績や財政状態を外部の利害関係者が客観的に把握し、投資や融資などの意思決定に役立てることを目的としています。

一方、管理会計は企業内部の経営者が経営判断を行うための材料として活用することを目的とした会計で、財務会計とは目的や対象が異なります。

3　管理会計とは

管理会計の目的

管理会計とは、経営者や責任者が経営判断の材料として活用することを目的とした会計のことです。財務会計とは異なり、管理会計は企業内部の人向けの会計になるため、すべての会社に義務はなく、それぞれの会社が経営の目的に合わせて導入できます。管理会計の主な業務は、経営分析、予算管理、原価管理、セグメント別損益管理です。

管理会計では、事業別、部門別、サービス別、製品別などに情報をまとめ、分析していくことが可能になります。これにより、財務諸表上では見えていない情報を引き出すことができ、より詳細な経営分析が行えます。

一方、財務会計は外部向けの会計で、株主や投資家、債権者などの利害関係者に対して企業の財務状況を報告するために行われます。財務会計は法律により規定されているため、すべての会社が対応していく必要があります。

このように、管理会計と財務会計は同じ会計という括りですが、目的や対象が大きく異なります。管理会計は経営者の意思決定を支援し、財務会計は外部への報告を目的としているのです。

4　予実管理とは

予定管理の手順

予実管理とは、企業の予算とその実行結果である実績を比較分析することで、予算の到達度や今後の課題を明らかにする手法です。予算とは新事業年度開始時の企業の意思であり、予実管理を行うことで現在の企業状況を把握できます。

予算と実績の差異を明確にし、課題を発見・改善すること、より実績に即した予算を立てること、経営目標の達成度を把握することなどがあげられます。

予実管理の手順は次に示す通りです。

①予算の目標を立てる

●現実的に達成可能な目標を設定する。

●過去の実績や経営戦略を参考にする。

②ＫＰＩ（中間目標）と実施スケジュールを考える

●最終目標達成に向けた中間目標を設定する。

●定期的にチェックするタイミングを決める。

③予算と実績を比較・分析する

●予算と実績の差異を明確にする。

●差異の原因を分析する。

④改善策を立案・実行する

●差異の原因に基づき、改善策を検討する。

●改善策を迅速に実行する。

⑤軌道修正（予算修正）をする

●四半期や半期に予算とのかい離が大きい場合は、修正予算を策定する。

●現実的に達成可能な予算に修正する。

予実管理の進め方

予実管理の進め方のポイントとしては、

●短期間かつ定期的にチェックする

●データ集計を自動化し、人為的ミスを抑える
●予実管理に特化したシステムやツールを活用する
●予実管理の結果を経営に役立つ分析レポートにまとめる
などがあります。

以上のように、予実管理は企業の経営改善に不可欠な手法です。予算と実績の比較分析を通じて課題を発見し、改善策を迅速に実行することで、企業の成長につなげることができます。

5　資金繰り表のつくり方

資金繰り表とは

資金繰り表とは、一定期間内の現金の動きをまとめ、手持ち資金の過不足を可視化できるようにした資料のことです。企業が主に自社の資金管理を目的として作成し、銀行に提出すると資金繰り相談が容易になります。

資金繰り表作成のメリット

資金繰り表を作成するメリットは次の通りです。

●資金の流れが可視化され、黒字倒産の防止や資金繰りの改善に役立つ。
●融資を受ける際に審査がスムーズに進みやすい。
●賞与支給や納税時期に備えられる。

資金繰り表には「実績資金繰り表」と「予定資金繰り表」の2つのタイプがあります。実績資金繰り表は過去の実績から資金の動きをまとめ、予定資金繰り表は将来の資金繰りに問題がないか確認するために作成します。

資金繰り表の作成手順

資金繰り表の作成手順は次の通りです。

①エクセルなどの表計算ソフトを使い、シンプルなつくりの資金繰り表のフォーマットを作成する。
②毎月の売上、仕入、経費、借入金、返済などの項目を記載する。
③設備投資や納税も盛り込む。
④実績と予定の両方を記載し、資金の流れを把握する。

資金繰り表とキャッシュフローの計算書の違い

資金繰り表は、企業経営において最も注意すべき要素の1つです。適切に作成・活用することで、資金のショートを未然に防ぎ、安定したキャッシュフローを維持することができます。

資金繰り表とキャッシュフロー計算書にはいくつかの点で用途や機能が異なります。主な違いは次の通りです。

①時系列の違い

●資金繰り表は将来のキャッシュフローの予測であり、未来情報。

●キャッシュフロー計算書は過去のキャッシュフローの実績であり、過去情報。

②作成する期間の違い

●資金繰り表は日・週・月単位など短期的な視点で作成。

●キャッシュフロー計算書は決算期ごとの会計期間単位で作成。

③管理する資金の違い

●資金繰り表は現金売上、売掛金入金、手形決済などの収支を管理。

●キャッシュフロー計算書は当期純利益、減価償却費、売上債権増減などを管理。

④重視する項目の違い

●資金繰り表は債権債務管理に焦点を当て、将来の支払・収益を把握。

●キャッシュフロー計算書は営業・投資・財務の３区分で現金の出入りを確認。

つまり、資金繰り表は将来の資金の動きを短期的に管理するのに対し、キャッシュフロー計算書は過去の現金の流れを中長期的に評価するという違いがあります。両者は企業の資金状況を把握する上で重要な役割を果たします。

6　資金調達のやり方

資金と企業は切っても切り離せない関係です。そして、資金調達の方法は企業の規模感に併せてやり方を変えたほうがよいです。ここでは、企業の規模別にどのようなアプローチがとられているかを紹介します。

シード期

シード期とは、ベンチャー企業が事業を立ち上げる初期の段階を指します。事業計画の立案、ビジネスアイデアを事業化するための調査や分析、製品開発などを行っている準備段階で、正式に事業が形になっていないため、収益が見込めず赤字になる可能性が高いです。

市場調査費や研究開発費、人件費などのコストがかかり苦しい一方で、信用や実績がまだないため、資金調達の選択肢が限定されます。

シード期は、ベンチャー企業の成長ステージの中で最も初期の段階に位置づけられ、事業の土台を構築する重要な時期です。この段階で事業のコンセプトや計画をしっかりと固めることが、ビジネス開始後の経営状態を安定させる上で重要となります。

シード期を乗り越えるためには、効率的な資金調達が不可欠です。自己資金のほか、政府系の支援制度や投資家からの資金調達など、様々な方法が活用できます。シード期を着実に乗り越えることで、次のアーリー期へと進むことができるのです。

主な資金調達の方法

主な資金調達方法は次の通りです。

●デットファイナンス

▽銀行融資：銀行から借入金を調達する方法。審査に時間がかかるが、低金利が特徴。

▽公的融資：政府系金融機関から借入金を調達する方法。長期かつ低金利の融資が可能。

▽ファクタリング：売掛金を即日現金化する方法。手数料が必要だが即時資金化できる。

▽手形割引：約束手形を割り引いて現金化する方法。高金利が欠点。

●エクイティファイナンス

▽ベンチャーキャピタル：高成長が期待されるスタートアップに出資する投資会社。

▽エンジェル投資家：個人投資家からの出資。シード期に多く活用される。

▽株式投資型クラウドファンディング：多数の個人から小口の出資を集める方法。

●補助金・助成金

▽創業助成金：自治体などが提供する創業支援金。返済不要が特徴。

▽ものづくり補助金：製造業向けの補助金。原則返済不要。

シード期では、自己資金や家族・友人からの借入、補助金などが主な資金調達方法となります。事業計画に合わせて、これらの方法を適切に組み合わせることが重要です。

アーリー期

アーリー期とは、ベンチャー企業の成長ステージの中で起業直後の段階を指します。事業計画に基づき実際に事業を開始しているが、まだ軌道に乗るまでには至っていない状態です。

売上は徐々に増加しているものの、収益性は低く赤字が続く可能性が高い中で、人件費や事務所経費、設備投資費などのコストがかかる一方で、投資家からの資金調達は難しいです。加えて、従業員は5〜20人程度に増加し、追加の資金調達が必要となります。

アーリー期の資金調達方法としては、投資家からの投資、政府系金融機関による創業融資、地方自治体などによる制度融資、補助金・助成金などが活用できます。

アーリー期を乗り越えるためには、事業の収益化を目指しつつ、適切なタイミングでシリーズAの資金調達を行うことが重要です。シリーズAでは、事業の成長加速に向けて数億円規模の資金調達が一般的です。

シリーズＡ

シリーズＡは、スタートアップ企業が事業成長を遂げるための本格的な資金調達が始まるフェーズです。主な資金調達方法は次の通りです。

●ベンチャーキャピタルからの出資・シリーズＡでは数千万円～１億５０００万円程度の資金調達が一般的。ベンチャーキャピタルは出資と引き換えに株式を受け取る。

●金融機関からの融資・事業内容や業績に応じて融資を受けられる。株式を渡す必要がないため経営権を握られる心配がない。ただし、返済義務がある。

●日本政策金融公庫などの政府系金融機関による創業融資

●地方自治体・信用保証協会・金融機関の連携による制度融資

●公的支援である補助金・助成金

資金調達には通常半年以上の期間を要し、金融機関からの融資の場合は事業計画書などの書類審査に数か月かかります。アーリーステージの企業は資金繰りに悩むことが多く、資金調達力が成長の鍵を握ります。

シリーズＡを超えた先には軌道に乗り始めた状態のステージＢになります。

シリーズＢ

シリーズＢは、スタートアップにとって重要な投資ラウンドの１つです。一般的に、一定の収益を生み出しており、ビジネスが軌道に乗り始めた段階にあります。

製品やサービスが市場に受け入れられ、さらなる成長を目指す段階にあり。規模拡大や製品・サービスの進化、株式上場に向けた準備など、企業の成長に必要な資金調達を行うようになります。

多くの場合、シリーズAと比べて資金調達額が増加し10億円~数十億円程度まで大きくなります。創業者や投資家が投資資金の回収を考えるため、黒字化が求められます。

シリーズBでは、適切な成長戦略と効果的な費用管理を行うことが重要です。また、トラクションや成長性を示すことが資金調達の成功につながります。

ミドル期

ミドル期とは、スタートアップが事業を開始してから成長する段階の中で、事業が軌道に乗り始め、成長と拡大を目指す重要な時期を指します。

- 売上高は5億円超え、従業員数は20名以上程度の規模に成長。
- 一定の収益を生み出しており、ビジネスが軌道に乗り始めた段階。
- 製品やサービスが市場に受け入れられ、さらなる成長を目指す段階。
- 売上は十分にあるが収益が不安定な場合もある。
- 認知度や売上の向上のための営業人員の雇用、広告宣伝費などの資金調達が必要。
- 事業拡大に伴い必要な資金は大きくなって数億円規模となる。

ミドル期では、人材採用と組織最適化を推進し、経営と現場を繋ぐミドルマネージャーの役割が重要になります。

シリーズCの資金調達方法

資金調達では、シリーズC以降の投資ラウンドでベンチャーキャピタルを中心に複数の投資家から資金を集めることが一般的です。また、金融機関による融資や公的支援の補助金・助成金の活用も行われます。シリーズCは、スタートアップ企業に対する投資ラウンドの１つです。シリーズBを経て、黒字経営が安定化しており、ＩＰＯやＭ＆Ａなどのイグジットを意識する段階のスタートアップを指します。

一部の企業では資金調達を必要としないほど収益が安定するケースもありますが、市場の動向やニーズの変化による収益減少リスクがあるため、依然として資金調達の重要性が高いです。企業規模の拡大や事業展開を進める場合、数十億円程度の資金調達を行う企業が多いです。財務上の数値で評価される状況が進行し、上場企業として評価することが可能な状態に近づきます。

シリーズCでの資金調達方法としては、シンジケートローン、ファクタリング、金融機関によるプロパー融資、公的機関による助成金・補助金、投資家による投資などがあります。

また、シリーズCを経てイグジットを果たすためには、ＩＰＯやＭ＆Ａなどの戦略的な選択が必要になるため、スタートアップはシリーズC以前からイグジット戦略を敷き、段階的に実行可能性を確認しながら進めていくことが望ましい。

ミドル期は、スタートアップにとって事業の軌道に乗せ、さらなる成長を遂げるための重要な時期と言えます。

レイター期

レイター期は、スタートアップの成長段階の最終段階を指し、事業が軌道に乗っており、安定的な成長や収益化を実現している状態です。組織が確立され、経営が徐々に安定化してきています。

ＩＰＯやM&Aなどのイグジットを具体的に検討し始め、メイン事業の規模拡大に加え、新規事業や関連事業の開発にも着手するようになります。

従業員規模は30人以上、業種によっては１００人以上にまで拡大するため、追加の資金調達が必要です。組織の円滑な運営のため、管理機能の強化（管理部門の創設、各種制度の充実）を図ります。

レイター期の主な資金調達方法

レイター期の代表的な資金調達方法は次の通りです。

- 投資家からの投資（シリーズD以降のラウンド）
- 民間金融機関によるプロパー融資

- 地方自治体・信用保証協会・金融機関の連携による制度融資
- 公的支援である補助金・助成金

シリーズＤの資金調達

このように、レイター期のスタートアップは事業が安定化し、ＩＰＯやＭ＆Ａなどのイグジットを視野に入れながら、さらなる事業拡大を目指す段階にあると言えます。

シリーズＤは、スタートアップ企業の資金調達ラウンドの１つで、安定的な収益を上げることが可能になった段階で、ＩＰＯやＭ＆Ａ等によるイグジットを具体的に検討するラウンドを指します。また、イグジットに向けて十分な売上及び利益を出すことが求められるので、シリーズＤ以降のラウンドにおいても資金調達を行う企業は少なくないです。

シリーズＤの資金調達額の平均値は数十億円規模とされています。具体的には、シリーズＤ以降の資金調達では通常、少なくとも10億円以上の資金が調達されます。企業の規模と成熟度に応じて異なりますが、大規模な成長と戦略的な展開を支援するために、数十億円規模の資金調達が行われることが多いです。

また、シリーズＤ以降も十分な売上及び利益を出すことが求められるため、イグジットに向けて更なる資金調達を行う企業は少なくありません。

7　資金調達時の事業計画書のつくり方

事業計画書作成にあたって財務面のポイント

事業計画書を作成する際の財務面のポイントは次の通りです。

●財務計画と事業計画の整合性を確保する

事業計画に記載した内容と財務計画に記載した内容に齟齬がないよう、整合性を確保することが重要です。

たとえば、事業計画で新規従業員を雇用すると記載していれば、財務計画の人件費にその分が反映されている必要があります。

●財務諸表の項目を正しく理解する

財務計画は損益計算書、貸借対照表、資金繰り表の３つの財務諸表で構成されます。それぞれの項目の意味を正しく理解し、適切に記載することが求められます。特に売上高、売上原価、販管費などの基本的な項目は間違えやすいので注意が必要です。

●数値目標の設定根拠を明確にする

売上高や利益の数値目標は、根拠のない楽観的な数字ではなく、市場調査や自社の強みなどに基づいて合理的に設定する必要があります。読み手を納得させるためには、目標設定の根拠を明確に示すことが重要です。

●全体のロジックを確認する

事業計画書全体として、各項目間のロジックが整合的になっているかを確認することも大切です。たとえば、売上予測と設備投資計画、人件費計画などが矛盾していないかなどをチェックします。

以上のように、事業計画書の財務面では、事業計画との整合性、財務諸表の適切な記載、数値目標の合理性、全体のロジックなどに留意しながら作成することが肝要です。

8　金融機関との交渉の仕方

融資の評価項目

融資の評価は、金融機関が企業や個人に対して融資を行うかどうかを判断する重要なプロセスです。

主な評価項目と方法について説明します。

●財務状況

▽売上高、利益率、キャッシュフロー

▽資産と負債のバランス

▽自己資本比率

●事業性
▽事業計画の実現可能性
▽市場動向と競合状況
▽経営者の能力と経験
●返済能力
▽返済原資の確実性
▽過去の返済実績
▽担保や保証人の有無
●信用情報
▽取引履歴
▽延滞や債務不履行の有無
▽信用調査機関のスコア

融資の評価方法

●財務分析：財務諸表を基に各種指標を算出し、経営の健全性を評価。
●事業性評価：ヒアリングや現地調査を通じて、事業の将来性を判断。
●スコアリング：定量的なデータを基に、数値化された評価を行う。

●定性評価：経営者の資質や業界動向など、数値化しにくい要素を総合的に判断。

融資の評価は、これらの項目を総合的に判断して行われます。企業側は自社の強みを適切にアピールし、弱点については改善策を示すことが重要です。特に、財務分析の数値だけでなく、事業の成長可能性や市場でのポジションも評価に大きく影響を与えます。また、近年ではＡＩや機械学習を活用した融資評価システムも導入されており、より迅速かつ精緻な評価が可能になっています。

融資を受ける側は、自社の財務状況や事業計画を客観的に分析し、金融機関の評価基準を理解した上で交渉に臨むことが成功の鍵となります。加えて、事業の将来性や競争力を具体的なデータや実績とともに示すことで、より好条件での融資を受けられる可能性が高まります。

財務状況

金融機関は、中小企業への融資判断時に「財務内容」を最も重要視する評価項目の1つとしています。具体的には、次のような財務指標を分析して企業の返済能力を評価します。

●実質純資産がマイナスでないこと。
●借入金等の要償還債務の解消年数が10年以内であること。
●2期連続赤字でないこと。

金融機関は、これらの定量的な財務指標に加えて、企業の事業内容や成長可能性なども総合的に勘案して「事業性評価」を行います。

一方、中小企業側は金融機関に対して、財務内容の改善支援を求めているものの、実際に受けられていないという認識ギャップが存在します。金融機関は、中小企業の経営者と対話を密に行い、ニーズを的確に把握することが重要です。

また、金融機関内部でも財務分析システムは導入しているものの、顧客にわかりやすい形で情報提供できていないケースもあります。中小企業経営診断システム（McSS）のような、わかりやすい帳票を活用することで、金融機関と中小企業の相互理解を深め、事業性評価に基づく融資を促進することができるでしょう。

事業性

①安定性

金融機関が企業に融資を行う際、企業の財務の安定性は重要な評価ポイントです。金融機関は次の指標を中心に企業の財務の安定性を評価します。

- ●現預金の多さ：月商の２～３か月分ほどあれば合格ラインとされます。
- ●自己資本比率：自己資本が多いほど、安定した会社と判断されます。
- ●負債比率：借入金に対する自己資本比率。適切な水準であるかを注視します。
- ●流動比率：短期的な負債返済能力を示す指標。最低でも１００％以上、理想は２００％必要とされます。

事業の成長性を評価

これらの指標が良好な数値・状態であれば、「プロパー融資」を狙える可能性があります。「プロパー融資」とは、信用保証協会を介さずに金融機関が独自の判断で融資を行うものであり、企業の信用力や成長性が問われます。

一方、中小企業は安定性が弱いケースも多く、不動産担保や信用保証協会の利用を求められることが多いとされています。

ただし、担保があるから融資が出るというわけではなく、企業の返済能力が優先されます。企業は財務の安定性を高めることで、銀行からの評価を高め、有利な条件での融資を受けやすくなります。金融機関は企業に融資を行う際、財務データや担保・保証だけでなく、次の3つの観点から事業の成長性を評価します。

●ビジネスモデルの成長性
▽事業の独自性や競争優位性、市場規模や成長性、参入障壁の高さなどを評価。
▽成長市場でビジネスを行っている企業のほうがリスクが小さく、金融取引の拡大が期待できる。

●経営陣の能力
▽経営者の資質や経験、事業への理解度、将来構想などを評価。
▽成長企業への融資などを重点的に行うようになった。

●財務の健全性

▽自己資本比率、負債比率、流動比率などの財務指標を評価。
▽決算書の内容や保証・担保だけでなく、事業内容や成長可能性も評価。
金融機関は、これらの観点から企業の事業成長性を総合的に評価し、融資の可否を判断します。成長性の高い企業に対して、必要な資金を適切に融資することで、企業の成長と発展を支援し、ひいては日本経済全体の活性化につなげていくことが目的です。

経営者の評価

また、金融機関が融資を行う際は、企業の財務内容だけでなく経営者の能力も重視しています。経営者の能力は次の点で評価されます。
●事業への熱意と覚悟
事業への強い意欲と熱意が必要です。従業員に対する責任体制がしっかりしていることが望ましい。
●業務経験と能力
事業の業務経験があること、営業や接客ができること、論理的思考力と計数感覚があること。
●経営方針と販売力
明確な経営方針を持っていること、販売力や技術力が高いこと。
●経営者の人格や信用力が高いこと

その他の評価

また、企業の技術力や将来性なども評価の対象となります。特に、独自技術を持つ企業や成長市場に属する企業は、高い評価を受けやすく、長期的な融資の可能性が広がります。

これらの経営者能力は、定性的評価として銀行の担当者の主観で判断されます。定量的な財務数値とともに総合的に評価され、企業の格付けに反映されます。格付けが低いと新規融資を受けにくくなるため、経営者は自社の強みを明確にし、経営力を高めていくことが重要です。

②収益性

収益性は、企業の融資を評価する際の重要な指標の１つです。

企業に十分な利益があるかどうかを評価されます。借入金の返済や事業の継続に必要な利益が確保できているかが重要です。企業の収益性は、その将来性を示す指標の１つです。高い収益性は、企業の成長性や競争力の高さを示しています。

収益性の評価は、融資先のリスクを管理する上でも重要です。収益性が低い企業は、返済能力が低く、リスクが高いと判断されます。

収益性の評価方法は次の内容からなります。

●財務分析

企業の収益性は、損益計算書（Ｐ／Ｌ）を基に分析されます。売上高経常利益率、売上高営業利益率、自己資本利益率（ＲＯＥ）などの指標を用いて評価されます。

●スコアリング

収益性を含む財務データを点数化することで、融資の可否を判断します。これにより、人による判断のバイアスを排除し、公平な評価を行うことができます。

担保評価では、不動産の市場価値に金融機関の担保評価割合（概ね70％程度）を乗じた額が担保価値となります。土地と建物を合わせて評価し、建物のみの担保設定は難しい場合が多いです。

以上の評価ポイントを意識し、決算書の内容を精査・改善することで、金融機関からの高評価と融資獲得につなげることができます。

返済能力

金融機関は企業の財務内容、返済状況、事業計画を総合的に勘案し、融資の可否や条件を判断します。企業は自社の状況を適切に説明し、金融機関の信頼を得ることが重要です。

①自己資本比率

銀行が融資を検討する際、自己資本比率は重要な評価指標の1つです。自己資本比率が高いほど、自己資本で経営されており安定性が高いと評価されます。

自己資本比率の計算式は次の通りです。

自己資本比率＝（自己資本÷総資本）×100

一般的に30％以上が健全とされ、20％を下回ると経営が不安定で倒産リスクが高いと見なされます。ただし、業種によって適正な水準は異なり、鉱業などは50％以上、小売業などは20％前後が一般的です。

自己資本比率を改善するには、利益を増やして自己資本を積み上げるのが理想的です。また、不要な資産を処分して総資産を減らすのも一方法です。一方、自己資本比率が低くても、自己資本利益率（ROE）を高く維持していれば、効率的な経営と評価される場合もあります。

以上のように、銀行は自己資本比率を融資の判断材料の1つとして重視しており、企業は健全な水準を維持することが重要です。ただし、業種や経営効率なども総合的に勘案して評価されることに留意が必要です。

②担保能力

融資を受ける際、担保能力は重要な評価ポイントの1つです。担保能力とは、担保として提供する不動産の価値や流動性を指します。

金融機関は、この担保能力を評価して融資可能額を判断します。

担保能力の評価方法は次の通りです。

●不動産の時価を算出する

不動産鑑定士などが、積算価格、比準価格、収益価格などから不動産の時価を算出します。

●担保掛目を乗じる

金融機関ごとに異なりますが、一般的に不動産価値の6～8割を担保掛目とします。たとえば時価1億円の物件なら、担保評価額は6～8000万円となります。

●融資可能額を決定する

担保評価額が融資可能額の上限となります。金融機関は、この額を申請者の返済能力とともに総合的に判断して最終的な融資額を決めます。

担保能力が高いほど、融資を受けやすく、かつ融資額も大きくなります。一方、担保能力が低いと融資を断られたり、融資額が少なくなったりする可能性があります。不動産担保ローンを利用する際は、事前に担保能力を確認しておくことをおすすめします。金融機関によって評価額が異なるため、複数社に相談するのもよいでしょう。

③返済実績・取引振り

金融機関は企業の返済実績を評価する際に次の内容をチェックします。まず、返済が遅延や延滞なく行われていることが最低限の条件です。また、過去の返済実績は、これからの返済能力を示す補完的な材料にすぎず、これ単体では評価の決め手とはならないことに注意が必要です。ただし、

一部の業種では、返済実績が重要な要素となる場合もある
また、返済実績と併せて、貸借対照表から資産状況、損益計算書から利益の推移、キャッシュ・フロー計算書から返済原資の適切性などを評価されます。融資時と比べて財務内容が悪化していないことが重要です。

また、今現在返している返済の状況も当然重要です。金融機関は企業の返済状況を評価する際、主に次の点に着目します。

財務状況の評価

●貸借対照表から企業の資産状況、負債の状況を確認し、自己資本比率や債務超過の有無などを評価

●損益計算書から売上高、営業利益、経常利益などの利益の推移を確認し、利益率や成長率を評価

●キャッシュ・フロー計算書から営業活動によるキャッシュ・フローを確認し、返済原資としての適切性を評価。

返済状況の評価

●返済の遅延や延滞、リスケジュール等の事実があると、要注意先以下の区分になる可能性がある。

●一時的な赤字でも、次期以降の確実な黒字化が見込めれば、区分が引き上げられることがある。

事業計画の評価

●中長期的な事業計画の妥当性を確認し、返済が長期に渡る場合は特に重視される。

●定性的な評価として、経営者の能力や販売力、市場の成長性なども考慮される。

金融機関との交渉のコツ

金融機関との交渉を有利に進めるためのポイントは、次の通りです。

●自社の財務状況を把握し、銀行に評価してもらえる水準にする

自社の財務指標が銀行に評価してもらえる水準に達しているかを確認します。財務内容、規模、業種の3つの軸で分析し、銀行が求める基準を満たしているかを確認することが重要です。

●複数の金融機関と交渉し、有利な条件を引き出す

メインバンク以外にも複数の銀行と交渉することで、より有利な金利や条件で幅広く検討することができます。総合振込、給与振込、口座振替など取引実績をつくっておくと、金利交渉は有利に進むことがあります。

●事業内容や計画を銀行に丁寧に説明する

経理担当者も経営者も日頃から会社の業績を把握し、理解し、事業内容や事業計画、現状の課題、成長しているポイントなどを銀行の融資担当者に対してアピールして伝えることが重要です。

●キャッシュフローを見直し、財務状況を良好に保つ

金利引き下げを実現するためには、キャッシュフローを見直して企業の財務状況を良好な状態に保つことが必要です。営業活動によるプラスのキャッシュフローを確保し、投資活動と財務活動の

キャッシュフローのマイナスを補う健全な状態を作ることが望ましいでしょう。

以上のように、自社の財務力を高め、複数の銀行と交渉し、事業計画を丁寧に説明することで、より有利な条件で金融機関との交渉を進めることができます。

プロパー融資

プロパー融資とは、信用保証協会の保証を受けずに金融機関が直接融資を行うものです。

プロパー融資メリット・デメリット

●担保や保証料が不要。
●審査日数が短く、早期に借入れが可能。
●金利が低く、融資限度額がない。
●銀行が貸倒れリスクを１００％負担するため、審査が厳しい。

プロパー融資の審査基準

●直近の決算が黒字であること。
●資本が増加傾向にあること。
●事業計画や返済計画が適切であること。
●代表者の信用力が高いこと。

創業間もない企業や中小企業は審査が通りにくいです。信用保証協会の保証付融資を利用し、信用力を高めてからプロパー融資を検討するのが一般的になります。事業の規模や利益水準が一定レベルに達した3期目以降が目安とされています。

以上のように、プロパー融資は金利が低く柔軟な融資が可能ですが、審査が厳しいのが特徴です。企業の信用力に応じて、保証付融資とプロパー融資を使い分けることが重要です。

9 VCなど投資家への交渉の仕方

ベンチャー・キャピタル（VC）の目的

財務におけるベンチャーキャピタル（VC）は、スタートアップや成長企業に投資を行い、将来的に利益を得ることを目的としています。投資先企業が成長した際に、株式を売却してキャピタルゲインを獲得したり、将来的な成長を目指す未上場企業を投資対象として、長期的なリターンを期待したりします。

VCの役割は主に2つで、投資と経営支援です。未上場企業に投資を行い、株式や新株予約権を取得します。加えて、VCは、投資先企業に対して経営支援を行い、成長を促します。

GP（General Partner）とLP（Limited Partner）：VCファンドは、GPが運営し、LPが資金を提供します。GPは、ファンドの運営と投資の決定を行い、LPは、投資のリターンを期待します。ＶＣファンドは、通常10年間の運用期間があり、前半は投資を行い、後半は投資金額を回収します。

ＶＣは、スタートアップの４つのステージ（シード、シリーズＡ、シリーズＢ、シリーズＣ）で投資を行い、各ステージで異なるポイントを重視します。

ＶＣのメリット・デメリット

ＶＣのメリット・デメリットとしては次のものが挙げられます。

●メリット

▽資金調達：ＶＣは、スタートアップや成長企業に対して資金を提供します。

▽経営支援：ＶＣは、投資先企業に対して経営支援を行い、成長を促します。

▽ノウハウの提供：ＶＣは、豊富な投資実績とノウハウを活用し、投資先企業の成長を支援します。

●デメリット

▽プライベート企業としての選択肢の喪失：ＶＣから投資を受けることで、プライベート企業としての選択肢が制限される可能性があります。

▽ＥＸＩＴまでのカウントダウン：ＶＣから投資を受けることで、ＥＸＩＴ（株式公開やＭ＆Ａ）までのカウントダウンが始まり、経営の自由度が低下する可能性があります。

ＶＣと投資条件の交渉

ＶＣと投資条件を交渉する際は、次のような点について合意を得る必要があります。

●上場（ＥＸＩＴ）努力義務：いつまでに上場（ないしはＥＸＩＴ）するのかを決める。

●取締役または（かつ）オブザーバーの指名権：取締役会や社内の重要会議に参加する権利。

●重要事項に係る事前の承諾事項：経営に影響を及ぼす事項について、「事前」にＶＣの許可を必要とする。

●重要事項に係る報告：経営に影響を及ぼす事項について、発生が予見される場合や発生した場合、直ちにＶＣに報告する。

●継続的情報開示：決算書や試算表、税務申告書、予実管理表等をＶＣに継続的（月一回等）に開示する。

●アームズレングスルール：関連当事者との取引は独立の第三者との取引と同条件とする。

ＶＣは既に投資を実行しているため、会社と対立する相手ではなく、仲間だと思って接することが大切です。経営していると厳しい状況に陥ることもありますが、ＶＣに情報開示をしっかりして対応策の協力を求めるということがお互いの信頼関係にはとても必要なことになります。

ＶＣとの交渉はデリケートなプロセスであり、適切な戦略と技術が必要となります。交渉の初期段階では、投資の額や企業価値、出資後の所有構造など、基本的な条件を明確にする必要があります。

以上のように、ＶＣとの交渉では投資条件の合意形成とともに、信頼関係の構築が重要なポイントとなります。適切な戦略と技術を持って、ＶＣとの良好な関係を築いていくことが成功への近道と言えるでしょう。

［参考文献］

1　稲垣靖　10分でわかるカンタン財務：金持ち社長と貧乏社長分かれ道はここにある―キャッシュフロー経営の入門書　あいであ・らいふ　２００２年．
2　加藤幸人．先輩がやさしく書いた「経理」がわかる引き継ぎノート．出版社コード変更.KADOKAWA／中経出版　２０１０年．
3　國貞克則【新版】財務３表一体理解法．改訂新版．朝日新聞出版　２０２１年．
4　小島孝子　３年後に必ず差が出る20代から知っておきたい経理の教科書．翔泳社　２０１４年．
5　村上茂久　決算分析の地図財務３表だけではつかめないビジネスモデルを視る技術．ソシム　２０２４年．
6　東山穣．楽しくわかる―簿記入門．日本実業出版社　２０１２年．
7　藤井秀樹．入門財務会計＜第4版＞第4版．中央経済社　２０２１年．
8　望月重樹．開業から1年目までの個人事業・フリーランスの始め方と手続・．日本実業出版社　２０１３年．

あとがき

ここまで読み進めていただき、本当にありがとうございます。経理というテーマに向き合いながら、本書を通じて何か1つでも新たな気づきや学びを得ていただけたのなら、著者としてこれ以上の喜びはありません。

経理は、単なる作業ではなく、会社の「未来」を形づくる重要な業務です。数字の裏に隠れた情報を読み解き、経営者の意思決定を支える。その力を持つのが経理担当者であり、経理という仕事です。しかし、同時にその重要性が十分に認識されていない現実もあります。

私自身、監査法人時代や独立後の経験を通じて、多くの経理の現場を見てきました。その中で感じたのは、経理がしっかりしている会社は、どんな荒波の中でも安定し、成長のチャンスを掴む力があるということです。一方で、経理の基盤が弱い会社は、思わぬトラブルに巻き込まれ、成長の機会を逃してしまうことが少なくありません。

本書が、経理の重要性を再確認するきっかけになり、日々の業務が少しでも楽になったり、新たなチャレンジの意欲につながれば幸いです。そして何より、経理が「会社を動かす力になる」ということを実感していただけたら、それが私にとっての最大の成果です。

これからも私は、現場の声を大切にしながら、経理や税務の知識をわかりやすく伝える活動を続けていきます。本書を通じて得た学びが、あなた自身の成長につながり、さらにはあなたの会社や周囲の人々にもよい影響を与えることを願っています。

経理の旅はこれで終わりではなく、始まりです。あなたの未来が、本書をきっかけに少しでも明るく、力強いものになることを心から祈っています。

改めて、ありがとうございました。

辻　哲弥

著者略歴

辻　哲弥（つじ　てつや）

公認会計士・税理士。税理士法人グランサーズ代表。

高卒で公認会計士試験に合格し、20 歳で有限責任監査法人トーマツに入所。監査法人時代には、大手上場企業から中堅企業まで、監査業務を通じて幅広い業種・規模の経理や財務に深く関わる。23 歳で独立し、会計事務所を創業。設立 1 年で M&A を実現するなど、経営者としても確かな実績を築いている。

現在は、税務や経営コンサルティングを中心に、経理業務改善コンサルティングや経理アウトソーシングサービスの監修など幅広い分野で活動。資産管理や海外移住支援といった専門性の高いサービスも展開し、多くの経営者をサポートしている。

監査法人時代に培った経験を活かし、経理業務の本質を徹底的に理解。効率的で効果的な経理手法を企業に導入し、現場での課題解決に貢献してきた。その知識と実績をもとに、経理初心者から現場のプロフェッショナルまで活用できる具体的なアドバイスを提供している。

また、「社長の資産防衛チャンネル」への出演や SNS での情報発信、セミナー活動を通じて、会計や税務の知識をわかりやすく伝えることにも注力している。その現場目線と専門知識を融合した解説は、経営者や個人事業主から高い評価を得ている。


はじめて財務・経理担当になったときに読む本

2025年 3 月26日　初版発行

著　者　辻　哲弥　© Tetsuya Tsuji

発行人　森　　忠順

発行所　株式会社 セルバ出版
〒 113-0034
東京都文京区湯島 1 丁目 12 番 6 号 高関ビル 5 B
☎ 03（5812）1178　　FAX 03（5812）1188
http://www.seluba.co.jp/

発　売　株式会社 三省堂書店／創英社
〒 101-0051
東京都千代田区神田神保町 1 丁目 1 番地
☎ 03（3291）2295　　FAX 03（3292）7687

印刷・製本　株式会社丸井工文社

Printed in JAPAN
ISBN978-4-86367-950-4